„Die Kunst zu ermutigen
ist eine der Möglichkeiten aufmerksamer Nächstenliebe."

Kardinal L. Suenens

Reinhold Ruthe

Die Kunst
zu ermutigen

Wie fördere ich mein Kind?

Brendow Buch Kunst Verlag

Die Deutsche Bibliothek — CIP-Einheitsaufnahme

Ruthe, Reinhold:
Die Kunst zu ermutigen: Wie fördere ich mein Kind? /
Reinhold Ruthe. - Völlig bearb. u. erw. Nachaufl., 4. Aufl.
Moers; Brendow, 1991
   (Edition C; M; 115)
   ISBN 3-87067-320-6
NE: Edition C/M

4. Auflage 1991
ISBN 3-87067-320-6
Edition C, Reihe M 115, Best.-Nr. 57115
© Copyright 1988 by Brendow Verlag, D-4130 Moers 1
Einbandgestaltung: A. Müllenborn, Kommunikations-Design, Wuppertal
Printed in Germany

Inhalt

Vorwort

Viele Eltern stöhnen:

„Wir sind mit einem Kind bestraft, das die Schule verwünscht."

„Unser Kind hat keine Freude am Leben, ist völlig entmutigt und fühlt sich in seiner Haut nicht wohl."

„Mutlos, desinteressiert und lustlos lebt unser Kind in den Tag hinein. Was ist nur mit ihm los?"

Was machen die Klagen deutlich?

— Entmutigte Kinder sind *lustlos;*
— entmutigte Kinder sind *desinteressiert;*
— entmutigte Kinder sind *antriebslos;*
— entmutigte Kinder sind *unglücklich.*

Vieles hängt ihnen aus dem Hals heraus: die Schule, die Familie und nicht selten auch das Leben. Sie haben kein Vertrauen zu sich, hängen herum und ergreifen selbst wenig Initiative.

Eltern und Erzieher sind ratlos. Sie zerbrechen sich den Kopf. Sind Desinteresse und Lustlosigkeit seelische Störungen? Wenn ja, wo kommen sie her? Ist Gleichgültigkeit angeboren?

Stecken hinter mangelndem Ehrgeiz und Faulheit Bosheit und Trotz? Sind Bequemlichkeit und Desinteresse Mangel an Begabung? Sind die unablässigen Reformen, Schichtunterricht, Lehrermangel, übergroße Klassen und Leistungsdruck daran schuld?

Bequemlichkeit, Faulheit, Desinteresse und Gleichgültigkeit sind kein unabwendbares Schicksal. Kein normales Kind ist von Hause aus faul und interesselos. Wenn aber doch, entwickelt es unbewußt eine kräftige Abwehr, lehnt sich gegen Eltern und Lehrer auf und sabotiert die Schule. Eltern und Kinder müssen klären, was in dem betreffenden Kind vorgeht.

— Wie konnte sich eine Lernblockade entwickeln?
— Was hindert die Konzentration?
— Wovor versucht das Kind auszuweichen?
— Was bezweckt es mit Bequemlichkeit, Faulheit, Desinteresse und Gleichgültigkeit?
— Warum hat es keine Freude am Leben, warum ist es so entmutigt?

Hier wird der Versuch unternommen, die typischen Merkmale des lustlosen und interesselosen Kindes zu untersuchen. Welche Lebensumstände und erzieherischen Praktiken haben das Kind freud- und mutlos gemacht?

Das Buch beschäftigt sich mit der Kunst zu ermutigen. Jeder kann diese Fähigkeit erlernen und verbessern. Ermutigung braucht der Mensch wie die Luft zum Atmen. Ermutigung ist wie Sauerstoff für die Seele. Das Kind wächst und wird gestärkt an Leib, Seele und Geist.

— Wer ermutigen kann, fördert sein Kind;
— wer ermutigen kann, glaubt an sein Kind;
— wer ermutigen kann, bietet dem Kind eine gezielte Lernhilfe.

Kapitel 1

Faulheit und Entmutigung sind lernbar

Das klingt verrückt, stimmt aber. Der Titel dieses Abschnittes ist mehr Zufall als auf bewußte Weise zustande gekommen. Vor einigen Jahren war ich in der Schweiz und hatte Vorträge über das Thema Faulheit zu halten. Eine schweizerische Eltern- und Familienzeitschrift hatte einen Artikel von mir abgedruckt und auf die Vorträge hingewiesen. Statt des Titels, den ich angegeben hatte, ,,Faulheit ist *heilbar*", war in dicker Balkenüberschrift zu lesen: ,,Faulheit ist *lernbar*". Keiner der verantwortlichen Redakteure hatte den Fehler bemerkt. Und wie war er zustande gekommen?

In einigen Nummern der Elternzeitschrift hatte man ein über die Grenzen der Schweiz hinaus bekanntes Erziehungsbuch besprochen, das den frechen Titel trägt ,,Dummheit ist lernbar". Alle Redakteure waren von der *Lernbarkeit* der Dummheit so überzeugt, daß sie kurzerhand die Faulheit auch für lernbar hielten.

Das Mißverständnis kommt mir wie gerufen. Denn Faulheit ist in der Tat lernbar. Der Mensch kann *alles* lernen, Gutes und Schlechtes, Nützliches und Unnützes, Brauchbares und Unbrauchbares. Es kommt nur auf seine Einstellung an. Hat er gute und positive Gedanken im Hinblick auf sich und andere, wird er sich bemühen, etwas Gutes zu *lernen*. Spuken aber negative und zerstörerische Gedanken in seinem Kopf herum, kann er sich entscheiden, Schlechtes zu lernen.

Der Mensch ist kein Tier, das von Instinkten getrieben wird. Er kann mehr oder weniger frei entscheiden, sich auf die nützliche Seite des Lebens zu stellen oder die unnütze Seite vorzuziehen. Noch einmal: Faulheit ist so gut lernbar, wie fast alles gelernt werden kann. Der Mensch kann

— hassen lernen,
— lieben lernen,
— kämpfen lernen,
— arbeiten lernen,
— Dummheit lernen,
— Faulheit lernen und
— Entmutigung lernen.

Selbst Angst, Liebenswürdigkeit, Jähzorn, Aggressivität, Langsamheit, zwei verkehrte Hände, Musikalität und Unmusikalität, Oberflächlichkeit und Gründlichkeit, Ordnung und Unordnung — alles ist lernbar.

Und wovon hängt es ab, wofür sich der Mensch entscheidet? Von den Eltern, von den Geschwistern, von den Vorbildern, die das Kind hatte oder nicht hatte, von der Moral, die dem Kind vorgelebt wurde, von den Überzeugungen und politischen Werturteilen, die es erlebte und erlitt, und von tausend Einflüssen, die auf das Kind einströmen. Schöpferisch aktiv verarbeitet das Kind alle Einflüsse und schafft sich eine eigene Meinung. Es entschließt sich bewußt und unbewußt zu bestimmten Verhaltensweisen, Ansichten und Einstellungen.

Es lernt

— aus Versuch und Irrtum,
— aus Erfolg und Mißerfolg,
— aus Zuwendung und Ablehnung,
— aus Können und Nichtkönnen,
— aus Beachtung und Nichtbeachtung.

Es lernt und zieht Schlüsse, baut die Erfahrung in seinen persönlichen Lebensstil ein.

Faulheit wird uns also nicht wie ein Kuckucksei ins Nest gelegt. Deshalb ist es falsch zu glauben, der Mensch würde gewaltsam in eine Rolle gedrängt, gegen die er sich nicht wehren kann. Nein, er schaut sich alles an und wählt das für ihn Beste heraus. Er *macht* Erfahrungen.

So gewinnt der Mensch also eine Einstellung zur Ordnung, zur Arbeit, zur Schule und auch zur Faulheit.

Damit haben wir die Frage schon beantwortet: Faulheit ist *nicht* angeboren. Faulheit ist kein Schicksal, dem man nicht entrinnen kann. Faulheit ist keine Krankheit, die ein Lebewesen wie Krebs überfällt. Faulheit ist lernbar, Entmutigung ist lernbar.

Kapitel 2

Faulheit oder:
Die Arbeit macht keinen Spaß

— Arbeit, die uns bedrückt, stößt ab;
— Arbeit, die belastet, macht keine Freude;
— Arbeit, die wir widerwillig tun, gelingt nicht.

Herr B. ist Jazzpianist, ein begabter Musiker. Er hat einen neunjährigen Sohn, der unbedingt Pianist werden soll. Der Vater hat ihm ein Klavier ins Spielzimmer gestellt. Der Junge hat einmal in der Woche Unterricht. Der Vater glaubt fest, der Junge habe das Zeug zum Musiker. Einige Jahre hält der Junge widerwillig durch, dann bricht er eines Tages das Klavierspiel ab und will nie wieder in seinem Leben eine Taste anrühren, wie er sagt.

Was ist hier schiefgelaufen? Ich greife einige Punkte heraus:

1. Der Klavierunterricht wird als Bestrafung empfunden

Der Vater war ein großer Pianist, aber die Mutter, die den Unterricht überwachte, eine schlechte Pädagogin. Wenn der Junge nicht gehorchte, bekam er von der Mutter zu hören: ,,Dauernd muß ich dich zehnmal rufen, und du kommst nicht. Jetzt übst du dafür eine halbe Stunde länger!'' So macht der Unterricht keine Freude mehr.

2. Desinteressierte Erzieher verbreiten Desinteresse

Der alte Lehrer des Vaters hatte der Familie einen Gefallen tun wollen, als er zusagte, den Jungen zu unterrichten. Im Grunde war der Lehrer verstimmt, weil er mit einem Anfänger arbeiten mußte. Die Verstimmung wirkte sich negativ auf die Lern- und Übungsbereitschaft des Jungen aus. Hinzu kam, daß der Lehrer ständig seine Unzufriedenheit über den mangelnden Fortschritt des Jungen äußerte. Die Spannung wurde eines Tages unerträglich. Aus dem schönen Spiel war bitterer Ernst geworden.

Faulheit ist Interesselosigkeit

Das Beispiel zeigt deutlich, daß *Interesselosigkeit* eine der wichtigsten Ursachen für Faulheit ist. Wir schreiben dem Kind damit keine Entschuldigung aus und nehmen es über Gebühr in Schutz. Aber wir Eltern fragen uns: Was haben wir falsch gemacht? Womit haben wir die Interesselosigkeit des Kindes gefördert?

Der Jugendpsychiater Reinhard Lempp sagt: ,,Es gibt keine faulen Kinder, es gibt nur *desinteressierte* Kinder."
Wenn ein Kind zufriedenstellend arbeitet, dann sagen wir:

,,Bernd hat ein *Herz* für Sport."

,,Gisela hat eine *Vorliebe* für klassische Musik."

,,Walter hat eine *Neigung* für Mathematik. Immer wieder setzt er sich hin und brütet schwere Aufgaben aus."

,,Erwin hat ein starkes *Interesse* an Büchern."

Hat ein Kind eine positive Einstellung zur Schule, zu irgendeinem Fach, zum Unterricht, dann hat es auch Interesse. Hat es aber eine negative Einstellung entwickelt, dann zeigt es Vermeidungsreaktionen und Fluchttendenzen, es zeigt die kalte Schulter — kurz: es zeigt Desinteresse.

Unsere Arbeitseinstellung prägt

Was denken wir als Eltern über die Arbeit? Viele sind mit der Vorstellung groß geworden, daß Arbeit hart, unangenehm, sauer, schwer und mühsam ist. Sie halten Arbeit für eine *leidige Pflicht*. Sie denken nicht nur so, sie handeln auch entsprechend.

Allerdings wundern sie sich, daß ihre Kinder arbeitsscheu, faul und abwehrend sind. Sie vergessen, daß Mißmut ansteckt. Stellen wir uns einen Augenblick vor: Die Arbeit ist eine Lust. Wir *dürfen* arbeiten. Arbeit ist das Salz des Lebens. Jörg ist zehn Jahre alt und hat die Arbeitslust seinem Vater *abgeguckt*. Der Vater ist Hobby-Koch. Mit Lust und Leidenschaft kocht er am Wochenende für seine Familie. Plötzlich gibt es einen Streit darüber, wer am Wochenende kochen darf. Mutti und Vati schwärmen von den schönsten Gerichten, die sie zubereiten wollen. Jörg hört das alles mit. In ihm setzt sich der Gedanke fest: Kochen muß eine Lust sein. Unbedingt will er auch am Wochenende in der Küche mitmachen. Aber Vati und Mutti lassen sich an diesen Tagen den Kochlöffel nicht aus der Hand nehmen. Jörg weicht auf Tage in der Woche aus. Er freut sich, schmackhafte Mahlzeiten für alle Familienangehörigen kochen zu dürfen. Auf der Straße spielen die Nachbarskinder. Nichts zieht ihn nach draußen. Die Mutter wirft mal einen Blick in die Küche, Jörg will sich nicht helfen lassen. Er ist stolz auf seine Kochkünste, und die höchste Auszeichnung ist, wenn die Gerichte schmecken und der Familie das Wasser im Munde zusammenläuft.

Jörg wird niemals in dieser Familie ein Faulenzer werden. Er wird auch niemals an einer Arbeitsstörung leiden. Er hat Interesse an der Arbeit, Freude am Tun, Zufriedenheit am Gelingen. Er arbeitet nicht, um andere zu übertrumpfen, um anderen zu beweisen, daß er es besser kann. Für ihn ist Arbeit Spiel. Die Eltern haben ihm die Arbeit schmackhaft gemacht. Sie haben ihm vorgelebt, daß Arbeit Spaß machen kann.

Fragen an die Eltern

■ Welche Einstellung haben Sie zur Arbeit? Fällt Ihnen die Arbeit schwer? Nörgeln und kritisieren Sie? Drücken Sie in Worten und Taten Unlust aus?

■ Appellieren Sie ständig an das Pflichtbewußtsein Ihres Kindes und machen ungewollt die Arbeit zur Strafe?

■ Schimpfen Sie hier und da auf die Sinnlosigkeit der Schularbeit, auf die „blödsinnigen Hausaufgaben" und auf die „verfluchte" Schule? Wundern Sie sich, wenn Ihr Kind die Aussprüche ernster nimmt als Sie?

Kapitel 3

Faulheit oder:
Köpfchen muß man haben

Das Kind steuert einen Gegenkurs. Es stellt sich außerhalb der Gemeinschaft. Die Eltern sind verzweifelt, weil ihr Kind einen anderen Weg einschlägt, als sie es sich vorgestellt haben. Die Eltern schimpfen:

„Das ist doch *sinnlos*, was der Junge tut", sagt der Vater.

„Dem Kind ist der gesunde Menschenverstand abhanden gekommen", sagt die Mutter.

„Wir verstehen das Kind nicht mehr, es handelt völlig unvernünftig", sagen beide.

Die Eltern haben auf ihre Weise recht, sie hören auf ihren gesunden Menschenverstand. Sie ziehen Schlußfolgerungen, wie sie der Durchschnitt der Menschen ziehen würde. Ihre Logik ist die Logik vieler.

Jeder Mensch schaut durch *seine* Brille

Auch der Mensch, der keine Brille trägt, schaut durch „seine Brille". Die Eltern schauen durch ihre und stellen sich vor, ihre Kinder würden die gleichen Brillengläser benutzen. Das ist ein Irrtum.

Die Eltern machen den Fehler, ihre Kinder falsch einzuschätzen. Sie gehen von ihrer eigenen Meinung aus und bemühen sich nicht, die Weltanschauung ihres Kindes zu verstehen. Jeder Mensch läßt in seinem Verhalten eine unbewußte Zielstrebigkeit erkennen, und kein Mensch kann die Welt völlig objektiv anschauen. Aus beidem — den Grundstrebungen und Anschauungen — kommen die verschiedenen

17

Meinungen und Auffassungen zustande. Jede Brille ist etwas getönt und hat eine andere Sehschärfe.

■ Der *Optimist* sieht die Welt in leuchtenden Farben, schreckt vor keiner Anstrengung zurück und läßt sich durch keine Niederlage erdrücken.

■ Der *Pessimist* sieht alles schwarz. Er weiß schon im voraus, daß er die Arbeit schlecht schreiben wird, daß er nicht versetzt, nicht verstanden, nicht geliebt, nicht gewinnen und nicht Glück haben wird.

■ Der *Faule* wiederum hat sich bei seinem Tun auch etwas gedacht. Jedenfalls handelt er so, als ob er sich etwas dabei gedacht hätte. Er verfolgt Ziele, die den Eltern und der Schule zuwiderlaufen. Wenn er durch *seine* Brille schaut, kann er sich sagen:

— ich will auf der unnützen Seite des Lebens stehen, die nützliche ist mir viel zu anstrengend. Vom Arbeiten gehen die besten Pferde kaputt. Irgendwie werde ich schon durchkommen;

— ich lasse das Arbeiten sein, dann werde ich auch in Ruhe gelassen;

— der Vater tyrannisiert mich. Er fällt mir mit seinem Ehrgeiz auf die Nerven. Die ganze Schule hängt mir zum Halse heraus;

— meine Eltern wollen mich zwingen. Ihr Prestige hängt von meinen Leistungen ab. Die sollen sich wundern!

— Wenn ich mir meine Eltern anschaue, sie haben zweifellos Beachtliches geleistet, und was haben sie davon? Nur Arbeit, keine Freizeit, nur Ärger und Krankheiten. Diesen blödsinnigen Weg soll ich auch gehen?

Alle Deutungen des Faulen sind irrtümliche Deutungen. Das Kind legt sich Gründe und Argumente zurecht, an die es glaubt. Es ist von seiner Logik überzeugt.

Faulheit ist Selbstschutz

Faulheit wird gern als *Mittel zum Zweck* benutzt, das Selbstwertgefühl zu sichern. Faulheit liefert dem Kind eine Entschuldigung, sich vor Anforderungen zu drücken. Wer einen handfesten Grund vorweisen kann, hat ein Alibi. Ihm werden „mildernde Umstände" zugebilligt. Er ist entlastet. Er kann sein Gesicht wahren. So verstanden, sind Verhaltensweisen wie Faulheit zweckdienliche Schöpfungen des Menschen, sich zu rechtfertigen und sich vor Belastungen zu drücken. Das Kind glaubt an diese unbewußten Schöpfungen. Das ist wichtig, denn es will ja mit sich und der Umwelt in Frieden leben. Wie funktioniert nun dieser Selbstschutz?

„Hätte ich diese schreckliche Gedächtnisschwäche nicht, könnte ich genügend leisten. Ich würde mein Klassenziel erreichen."

„Ich stehe so unter Streß, leide an Schlaflosigkeit und Nervosität, daß ich nicht einmal einen Bruchteil von dem leisten kann, was ich leisten müßte."

Bei Licht besehen, sind es faule Ausreden. Das Kind hat diese Schranken aufgebaut, um sich dahinter zu verstecken. Hinter dem Selbstschutz fühlt es sich sicher. Das Kind macht sich damit unangreifbar. Eltern und Erzieher sind machtlos. Sie laufen gegen die Barrikade ergebnislos an. Das Kind beruft sich erfolgreich auf seine Unfähigkeit. Vielen Eltern leuchtet das nicht ein:

„Wie kann das Kind die Faulheit benutzen, um Vorteile daraus zu ziehen, wenn es ständig beschimpft wird? Es hat doch nur Nachteile davon."

Die Fragen lauten aber: Womit erzielt das Kind einen größeren Erfolg? Worauf kommt es dem Kind an?

Versuchen wir ein paar Vorteile des Kindes herauszuarbeiten:

■ Faulheit verschafft dem Kind „mildernde Umstände". Verwandte und Freunde werden vielleicht sagen: „Dumm ist das Kind keinesfalls, nur faul."

■ Das Kind kann sich sagen: „Wenn ich meine Faulheit ablegen würde, könnte ich Glanzleistungen erbringen. Aber das will ich ja nicht. Dieses Strebertum liegt mir nicht."

■ Das Kind will völlig in Ruhe gelassen werden. Sobald es etwas Fleiß zeigt, schrauben die Eltern ihre Erwartungen in die Höhe. Ein faules Kind wird in Ruhe gelassen. Die Eltern geben auf: „Es hat ja alles keinen Zweck mehr!" Das Kind hat sich diese bequeme Denkweise zu eigen gemacht und sagt ebenfalls: „Es hat ja alles keinen Zweck mehr. Laßt mich in Ruhe!" Nicht wenige Lehrer neigen daher zu der abwegig klingenden Erklärung: „Ein Kind, das abgrundtief faul ist, muß in der Tat Köpfchen haben."

Kapitel 4

Unser Kind ist willensschwach

Faulheit und Willensschwäche scheinen ein Geschwisterpaar zu sein. Eltern, die über faule Kinder berichten, sprechen meistens auch über Willensschwäche.

„Der Bengel hat keinen Funken Willenskraft in sich."

„Das Kind läßt sich einfach gehen. Es läßt sich willenlos treiben."

„Es ist einfach nicht stark genug, um sich zusammenzureißen."

„Unsere Tochter will ja mit der Faulheit fertig werden. Ab und zu nimmt sie einen Anlauf. Dann bricht die Willenskraft wieder zusammen."

„Bernd zeigt nicht den geringsten Mumm. Vor den lächerlichen Schularbeiten klappt er zusammen wie ein Taschenmesser; er sagt einfach: Ich kann nicht!"

Faulheit und Willensschwäche wohnen wie feindliche Untermieter in unserer Brust. Wir scheinen machtlos gegen sie zu sein.

Willensschwäche ist eine starke Waffe

Hans-Peter ist 12 Jahre alt, ein weicher, aber cleverer Junge. Er ist kein Rebell, er leistet keinen harten Widerstand gegen die Eltern, aber seine Faulheit ist „himmelschreiend", wie der Vater sagt. Er ist ein starker, entscheidungsfähiger Mann, der nicht viel redet, wenn er erzieht, sondern handelt.

„Wenn der nicht will, muß er fühlen", sagt der Vater. „Wir mußten das früher auch." Nach dem letzten Zeugnis allerdings ist er am Ende. Vier Fünfen, der Junge ist sitzengeblieben. „Der ist stinkfaul, und ich weiß, daß er es kann. Hans-Peter hatte in den ersten Grundschuljahren prima Zeugnisse. Er kann nach dem Abitur studieren. Ich mußte mir in Abendstunden alles hart erarbeiten. Mir wurde nichts geschenkt. Ich habe mich durchgebissen."

Hans-Peter sitzt ohne Freizeit hinter dem Schreibtisch und muß arbeiten, um seine Lücken aufzufüllen. Der Vater ist unerbittlich. „Und wenn er nicht will, muß er eben sitzen, bis er fertig ist. Hans-Peter hat es in der Hand!"

Hans-Peter hat es tatsächlich in der Hand. Er bestimmt, was er will. Die Schule ist die Achillesferse des Vaters. Hans-Peter ist weich. Gegen den Vater kommt er nicht an, weder mit dem Mund noch in Opposition. Den Ehrgeiz des Vaters teilt er nicht. Gegen seine Strafen — Entziehung der Freizeit, Beschneidung der Fernsehzeit und unangenehme Hausarbeit — ist Hans-Peter machtlos. Nur mit der Schule kann er den Vater treffen. Seine Faulheit wird zur Waffe, seine Willensschwäche zur Stärke. Faulheit ist in der Tat „Willensstärke". Hans-Peter muß eine Reihe Unannehmlichkeiten in Kauf nehmen, um sich gegen den Vater durchzusetzen.

Willensschwäche ist ein starkes Argument

Das schauen wir uns genauer an:

- ■ Das Gerede von der Willensschwäche und der Willensstärke ist sehr fragwürdig. Wer sich willensstark zeigt, hat an einer Sache Interesse. Er setzt sich ein, hat Ausdauer und Freude an der Arbeit. Wer sich willensschwach zeigt, gibt damit zu erkennen, daß er kein Interesse hat und daß er nicht will.

- ■ Willensschwäche ist ein *starkes Argument* gegen Eltern, Lehrer und Autoritätspersonen. Wer Willensschwäche gezielt einsetzt, entmachtet die stärksten Eltern. Sie kapitulieren, weil sie weder mit Strafe noch mit Gewalt den Willen ihres Kindes verändern können. Im Gegenteil, das Kind zeigt sich stark, bei seiner Schwäche zu bleiben.

- ■ Daß Schwache stark sein können, zeigt sich überall im täglichen Leben. Zum Beispiel in der Ehe. Je schwächer der eine Partner, desto vermeintlich stärker muß der andere sein. Er muß einspringen, wenn der Schwache nicht kann, er muß Arbeiten übernehmen, die der andere liegenläßt. Der sogenannte Starke steht im Dienste des Schwachen. Ohnmacht wird zur Macht. Mit Hilflosigkeit kann der sogenannte Starke gegängelt werden. Er liegt an der Kette und ist durch Schwäche angebunden worden. Schwäche ist daher eine der stärksten Waffen der Herausforderung.

■ Wer mit Willensschwäche operiert, verschanzt sich gern hinter der Schwäche. Wenn Eltern davon überzeugt sind, daß Willensschwäche anlagebedingt ist, dann ist das Kind von vornherein entschuldigt. Denn gegen solches Erbe kann bekanntlich kein Mensch zu Felde ziehen.

■ Willensschwäche verrät, daß ein Ziel nur mit geringer Kraft angesteuert wird. Ist aber das Ziel uninteressant, ist es die Willenskraft auch. Wofür soll der Mensch sich anstrengen? Von daher wird das Sprichwort verständlich: „Wo ein Ziel ist, da ist auch ein Wille."

Kapitel 5

Wie man bei Kindern Interesse wecken kann

Wenn Faulheit in erster Linie Interesselosigkeit ist, müssen Eltern alles daransetzen, bei ihren Kindern Interesse zu wecken.

Wie sieht ein Kind aus, das Interesse zeigt?

Es ist *neugierig*. Wir meinen nicht die unangenehme Schnüffelei, die manchen Menschen nachgesagt wird. Das Kind zeigt Wißbegier. Es will etwas kennenlernen, beobachten und in Erfahrung bringen.

Es will *dazugehören*. Von daher ist es ein guter Mitspieler, aber auch ein guter Mitarbeiter. Genau übersetzt heißt das Wort Interesse „dazwischen sein". Das Kind steht nicht am Rande, will nicht ausgeschlossen werden, es gehört dazu. Wer sich als fünftes Rad am Wagen fühlt, verliert schnell die Lust dazuzugehören. Er resigniert und ist plötzlich völlig draußen.

Es *strebt* ein Ziel an. Es benutzt seine Kräfte und Gaben, um vorwärtszukommen. Solche Kinder müssen keine Streber werden, keine Ehrgeizlinge. Sie packen zu und lassen sich auch nicht schnell entmutigen. Niederlagen nehmen sie in Kauf, holen einmal tief Luft und setzen erneut den Hebel an.

Es zeigt Interesse, weil wir an ihm Interesse haben. Interesse meint in diesem Zusammenhang Wohlwollen und Anteilnahme. Eltern können auch ein stark *egoistisches* Interesse am Kind zeigen. Es spürt jedoch die Absicht und ist verstimmt.

In dem Buch des Schweizer Sonderschullehrers Jürg Jegge mit dem schon genannten Titel „Dummheit ist lernbar" lesen wir: „Wenn man anfängt, sich ganz intensiv um einen Menschen zu kümmern, dann beginnt dieser Mensch, sich ein bißchen weiterzuentwickeln." Unsere Kinder werden sich bestimmt positiv weiterentwickeln, wenn wir *echtes* Interesse und *echte* Anteilnahme zeigen.

Fredi macht eine Kehrtwendung

Jegge, der mit schwierigen, gestörten und lernbehinderten Kindern arbeitet, gibt in seinem Buch ein ausgezeichnetes Beispiel, wie Interesse bei sogenannten „hoffnungslosen Fällen" geweckt werden kann. Ich will es ausführlich schildern, weil es allen Eltern zeigt, wie selbst Kinder, bei denen Hopfen und Malz verloren zu sein scheint, eine andere Lebens- und Arbeitsauffassung bekommen können.

Fredi ist schon seit einem Jahr in der Sonderschule. Er ist sehr problematisch, Epileptiker, vermutlich hat er einen leichten Hirnschaden. Fredi begreift langsam und arbeitet langsamer als andere Kinder. Auch in der Sonderklasse zieht er ein „ganz dummes Gesicht" und sagt: „Das verstehe ich nicht." Aber er ist ganz groß im Zerstören von Fensterscheiben, sinnlos etwas kaputt zu machen und andere Schüler vom Unterricht abzuhalten. Jürg Jegge sagt selbst, daß der Junge in seinen Möglichkeiten eingeschränkt ist. Aber das ist nicht das Entscheidende. Die Hauptbeschränkung redet der Junge sich selbst ein. Jegge beschreibt es so:

„Aber ist die ‚Beschränkung', diese Schranke, an der er jetzt anstößt, wirklich seine ‚Begabungsgrenze'? Nein, es handelt sich hier um etwas ganz anderes: um sein Krankheitsgefühl, seinen Eindruck, er sei anders als die andern, seine Mutlosigkeit."

Fredi ist ständig entmutigt, er läuft sofort davon, wenn etwas von ihm verlangt wird. Seine Schrift ist hilflos und verzweifelt. Seine Zeichnungen sind trostlos.

Eines Nachmittags, es ist Sonntag, besucht der Junge den Lehrer zu Hause. Jegge hört Mozart, der Junge hört mit zu. Ihm gefällt die Musik. Und es entspinnt sich folgendes Gespräch:

„Sag mal, Fredi, möchtest du nicht ein Instrument spielen lernen?"

„Nein."

„Warum nicht?"

„Es stinkt mir."

„Ich glaube, das kannst du."

„Ich weiß, daß ich es nicht kann."

„Warum?"

„Ich kann überhaupt nichts lernen. Ich bin nicht richtig im Kopf."

„Erzähle."

„Ich muß Pillen nehmen. Seit ich in den Kindergarten gehe . . ."

„Du hast Angst."

„Nein, aber es stinkt mir. Ich kann ja doch nichts lernen, auch später nicht."

„Also doch Angst?"

„Ja, was soll ich denn werden?"

„Weißt du, weshalb du Pillen nehmen mußt?"

„Ja, weil ich krank im Kopf bin."

„Nein, damit du nicht krank wirst. Das ist ein Unterschied. Schau, es gibt Leute, die sich leicht erkälten. Die ziehen sich warm an, sobald es kalt wird. Und im Winter trinken sie Lebertran und solches Zeug, damit sie nicht krank werden. Bei dir ist es ähnlich. Du mußt diese Pillen nehmen, damit du keine Anfälle bekommst, damit du nicht krank wirst."

Er sieht den Lehrer lange und ernst an.

„Glauben Sie?"

„Ich weiß."

„Das muß ich mir überlegen."

Fredi verabschiedet sich. Am nächsten Tag in der Schule spricht er den Lehrer an.

„Kommen Sie, ich muß Ihnen etwas sagen. Ich möchte ein Instrument spielen lernen."

„Und der Kopf?"

„Der lernt das schon."

Der Kopf lernt auch noch ganz andere Dinge. Der Kopf hat tausend Möglichkeiten, wenn Interesse geweckt ist. Der Kopf macht mit, wenn verschiedene Irrtümer beseitigt sind.

Was zeigt uns diese kleine Geschichte?

1. Nicht der Hirnschaden und die Epilepsie sind das Entscheidende, sondern die Überzeugung der Erwachsenen, der Junge ist nicht richtig im Kopf. Bei dem ist nichts zu machen. Der ist krank. Mit solchen Vorurteilen wird ein Mensch abgestempelt. Solche Vorurteile stecken an, sie werden auf die Betroffenen übertragen. Fredi

hat oft dieses Urteil gehört, daß er es lückenlos übernommen hat.

2. Jeden Tag, wenn er in der Schule sitzt oder sich privat betätigt, redet er sich ein: Du bist dumm, du bist nicht richtig im Kopf, aus dir wird nichts. Du mußt Pillen nehmen, weil du verrückt bist.

Fredi programmiert seinen eigenen Mißerfolg. Er hat sich so eingehend mit seiner Unfähigkeit beschäftigt, daß er wirklich unfähig geworden ist. Der Glaube an die Katastrophe hat die Katastrophe des Lernens heraufbeschworen. Die Geschichte zeigt deutlich: Solange der Mensch an den Unsinn glaubt, der ihm eingeredet wird, solange er sich die Vorurteile der anderen zu eigen macht, bleibt er krank.

3. Die Arbeit des Erziehers besteht darin, diese Vorurteile abzubauen. Jegge ist das vortrefflich gelungen. Es ist ihm gelungen, die Autosuggestion des Jungen zu erschüttern. Er konnte ihm klarmachen:

„Es ist Blödsinn, dir einzureden, daß du nicht richtig im Kopf bist. Dein Kopf kann viel mehr als du ahnst. Ich, dein Lehrer, bin fest davon überzeugt."

Der Lehrer glaubt an den Jungen. Er verabreicht ihm keine Beruhigungspille. Er liefert ihm kein Trostpflaster. Plötzlich glaubt der Junge an sich. Der Lehrer traut ihm einiges zu, schon traut sich auch der Junge einiges zu.

Der Glaube an das Kind ist ein wesentlicher Schritt, um Interesse zu wecken.

Kapitel 6

Was fördert die Lernbereitschaft?

Was können Eltern tun, um den Motor zum Lernen anzukurbeln? Wie können sie ihr Kind bewegen, sich intensiver mit Schulaufgaben zu beschäftigen und williger am Unterricht teilzunehmen? Welche Gesichtspunkte helfen, den Widerstand zu verringern und die Freude am Arbeiten zu verstärken?

Sechs Vorschläge für Eltern

1. Lassen Sie das Kind mitentscheiden

Strikte Anweisungen reizen zum Widerspruch. Besserwisserei der Eltern hemmt die Freude der Kinder am Mitmachen. Dagegen wirkt es sich positiv aus, wenn Eltern *mit* ihren Kindern Übungsprogramme besprechen und die Zeiten, wann Schularbeiten erledigt werden müssen, *mit* den Kindern abstimmen. In dem Augenblick, wo Kinder mitreden, miturteilen und mitentscheiden können, verbessert sich das Lernklima.

2. Geben Sie eine Anleitung zum Selbsterarbeiten

Die geschickte Anleitung zum *Selbstarbeiten, Selbstfinden* und *Selbstausführen* ist wichtig für die Lernbereitschaft des Kindes. Untersuchungen haben ergeben, daß

80 % von dem, was einer *gehört* hat,
70 % von dem, was einer *gesehen* hat,
50 % von dem, was einer *gesehen* und *gehört* hat,
10 % von dem, was einer *selbst ausgeführt* hat,
vergessen wird. Aufgaben, die das Kind mit eigener Kraft gelöst und Probleme, in die es sich vertieft hat, bleiben demnach eher haften. Gelingt es den Eltern, Kinder zu bewegen, sich mit Neugierde und detektivischem Spürsinn an Aufgaben heranzumachen, ist der Lernerfolg am größten. Dann ist auch die Chance groß, das Gelernte wirklich zu behalten.

3. Gestatten Sie, daß das Kind sich Aufgaben selbst stellt

Statt auf Druck der Eltern Aufgaben zu wiederholen, kann das Kind sich eigene Teilziele und Fristen setzen. Es nimmt sich beispielsweise vor, bis zu einem bestimmten Zeitpunkt ein Kapitel zu beherrschen, sich eine Anzahl Vokabeln anzueignen. Sehr oft haben Eltern hohe Ziele vor Augen, die das Kind ablehnt und die seine Initiative lähmen. Selbstgewählte Etappenziele geben dem Kind Richtlinien und — wenn sie erreicht werden — Erfolgserlebnisse. Erfolgserlebnisse wiederum motivieren erneut die Lernbereitschaft.

4. Glückliche Kinder können sich geistig entfalten

Begabung ist oft eine Frage des individuellen Glücks, der Zufriedenheit und des seelischen Wohlbefindens. Seelischer Druck und Unzufriedenheit hemmen die Entwicklung. Ehezerwürfnisse, schwere Krankheiten der Angehörigen, Tod von Familienmitgliedern und anhaltende Berufssorgen der Eltern können das Lernklima verschlechtern und das Interesse am Unterricht blockieren. Die Kinder sind unkonzentriert und abgelenkt. Haben Sie einmal ernsthaft darüber nachgedacht, wie Sie das seelische Wohlbefinden Ihres Kindes verbessern können? Geben Sie dem Kind die Möglichkeit, sich auszusprechen? Können Sie warten, wenn für das Kind der Zeitpunkt für Gespräche noch nicht gekommen ist? Haben Sie die Geduld, noch länger am Bettrand Ihres Kindes auszuhalten, wenn Sie spüren, daß es noch etwas loswerden möchte? Nehmen Sie den Kummer ernst, den Sie bei Ihrem Kind vermuten? Ertappen Sie sich dabei, daß Sie Probleme Ihres Kindes verharmlosen? Gehen Sie bitte nicht von sich aus, wenn Sie Probleme und Schwierigkeiten Ihres Kindes aufgreifen. Ihr Maßstab ist nicht der Maßstab Ihres Kindes! Was Sie für belanglos halten, nimmt unter Umständen Ihr Kind sehr ernst.

5. Beachten Sie das Lerntempo des Kindes

Jedes Kind hat sein eigenes Lerntempo. Auch wir Erwachsene sind verschieden schnell. Es gibt langsame und schnelle, es gibt oberflächliche und sehr gewissenhafte Kinder. Gewissenhaftigkeit hat viele Vorteile, kann aber den Menschen hindern, zügig zu arbeiten. Beispielsweise verliert er bei schriftlichen Arbeiten die Zeit aus dem Auge. Er verrennt sich in Einzelheiten, nimmt Kleinigkeiten zu wichtig und schafft das vorgeschriebene Pensum nicht. Andere Kinder trödeln gern, schaffen schwer den Anfang und kommen nur langsam in Fahrt. Respektieren Sie gewisse Eigenarten, bejahen Sie das Eigentempo, und verhelfen Sie so dem Kind zu einem guten Selbstverständnis. Ständige Kritik am Tempo muß den Selbstwert untergraben. Das Kind verwechselt dann Langsamkeit mit Dummheit. Wir wissen auch, daß verschiedene Typen — lange, hagere, schmächtige beispielsweise — ein anderes Tempo an den Tag legen als korpulente, vollschlanke und behäbige Menschen. Schon das Temperament ist von Mensch zu Mensch verschieden. Aber das gilt allgemein: Kritiksucht, Druck, Angst und Überforderung können das Tempo erheblich hemmen. Die Lernleistung ist am höchsten, wenn jeder Schüler in dem ihm gemäßen Tempo lernt.

6. Geben Sie sofort eine Erfolgsbestätigung

Eine sofortige Erfolgsbestätigung ist eine Lernverstärkung. Hans gilt in der Familie als Faulpelz. Zwischen Vater und Sohn herrscht ständig Krisenstimmung. Hans hat das ganze Wochenende dazu benutzt, sein Physikheft zu überholen. Hans steht in Physik mangelhaft. Der Lehrer hat aber dem Kind versprochen, die Note anzuheben, wenn es sich, durch Zeichnungen und Ausarbeitungen, mit bestimmten Themen auseinandersetzt. Stolz zeigt Hans dem Vater die Mappe: „Das ganze Wochenende habe ich an der Mappe gesessen. Ich hoffe bestimmt, ich kriege noch ausreichend." Vater: „,Zusammenfallen' wird in einem Wort geschrieben. Deine deutsche Sprache ist für dich immer noch eine Fremdsprache!"

Das ist keine Erfolgsbestätigung, das ist negative Kritik. Das ist keine Lernverstärkung, sondern mit Sicherheit eine Lernminderung. Solche sicher gutgemeinte Kritik untergräbt den Selbstwert, mindert die Arbeitsfreude. Fast immer läßt sich an einer Arbeit *etwas* Positives entdecken. Greifen wir zuerst das Positive auf und nicht das Negative! Können wir es eintrainieren, das Lobenswerte zu verstärken und das Kritische zu übersehen? Das weniger Gelungene kennt das Kind genau. Wir wollen die Minuspunkte nicht unterstreichen, wir wollen den Erfolg bestätigen.

Was hindert die Lernbereitschaft?

1. Furcht, Angst, Drohungen

Sie zerstören die Vertrauensbasis zwischen Eltern und Kindern. Angst blockiert, und Drohungen verleiten zum Widerstand. Wie können solche Drohungen aussehen?

— Wenn Eltern und Erzieher den Kindern zu verstehen geben, daß ihre Anstrengungen keine Aussicht auf Erfolg haben;
— wenn Eltern dem Kind sagen: „Wenn du nicht willst, lassen wir dich auch hängen";
— wenn Eltern zu ihrem Kind sagen: „Wenn du kein Interesse hast, laß es bleiben, dann wirst du eben Hilfsarbeiter";
— wenn Eltern ihrem Kind sagen: „Du verstehst soviel von Mathematik wie die Kuh vom Sonntag. Du hast Glück, wenn du die Hauptschule ohne Sitzenbleiben schaffst";
— wenn Eltern dem Kind sagen: „Bis zu den Zeugnissen sehen wir uns das noch an, dann gehst du zurück auf die Hauptschule!"

Neben Drohungen benutzen die Eltern auch Erpressungen. Erfahrungsgemäß werden dadurch laute oder leise Widerstände aufgebaut.

Druck erzeugt Gegendruck. Plötzlich sind Eltern und Kinder in eine Sackgasse geraten.

2. Mangelnde Gesprächsbereitschaft

Viele Eltern sind wenig gesprächsbereit. Sie treffen Anordnungen. Sie bestimmen. Der Zeitaufwand ist geringer, die Folgen sind allerdings schwerwiegender.

„Heute abend gibt es kein Fernsehen, da wird erstmal geübt!"

„Ein geruhsames Wochenende ist für dich gestrichen, da wird Latein gepaukt!"

„Mit Faulenzen kommt man im Leben nicht weiter. Jeden Abend wird in dieser Woche geübt. Da kannst du zeigen, ob du überhaupt Interesse an der höheren Schule hast!"

Die Kinder werden verstockt. Das Üben wird zur Strafe. Die Eltern reagieren ihren Unmut an den Kindern ab. Das Interesse an der Arbeit wird schon im Vorfeld untergraben.

Wie aber können Eltern mit ihren Kindern sprechen?

„Ich habe heute abend eine Stunde Zeit für dich, sollten wir uns gemeinsam die englischen Vokabeln vorknöpfen?"

„Die letzte Arbeit zeigt einige Mängel in Grammatik. Sollten wir beide die Arbeit noch einmal durchgehen?"

„Für das gemeinsame Üben wollen wir uns etwas Zeit nehmen. Was schlägst du vor, wie lange wir zusammensitzen?"

3. Überheblichkeit

Die Lernbereitschaft wird gehemmt, wenn Eltern wiederholt die Meinung des Kindes nicht ernstnehmen. Viele Eltern kehren unbewußt ihre Überheblichkeit heraus, wenn sie die Meinung der Kinder überhören. Gegenargumente werden nicht ernstgenommen, Einwände heruntergespielt. Ähnlich ist es, wenn Argumente des Kindes lächerlich gemacht werden. Ironie ist eine scharfe Waffe. Ironie ist eine schlimme Form der Überheblichkeit. Das Kind kommt sich klein und häßlich vor. Der Vater sagt: „Was du über die Kernenergie sagst, kennzeichnet mal wieder deinen jugendlichen Unverstand."

Warum kann der Vater nicht sagen: „Das ist sehr interessant, deine Meinung über Energie- und die Umweltschutzprobleme zu hören. Du hast dir Gedanken gemacht, kannst du mir Näheres darüber sagen?" Oder: „Du beziehst sehr konsequent eine Gegenposition. Mich interessiert, wie du sie begründest." Dieser Vater nimmt sein Kind ernst. Überheblichkeit jedoch nimmt den Partner nicht ernst.

4. Gebremste Neugier

Die Lernfreude wird eingeschränkt, wenn die Neugier des Kindes gehemmt wird. Der wichtigste und ursprünglichste Grund der Lernbereitschaft ist Neugier. Das Kind will die Welt kennenlernen, will alles begreifen. Von daher sind die Tage erfüllt mit Forschen, Entdeck(ung)en, endlosen Fragereien.

Die Neugier des Kindes bedeutet, daß es nicht träge, faul und von Geburt an desinteressiert ist. Allerdings können wir durch Überforderung, negative Einstellung zur Arbeit und Druck die anlagebedingte Neugier unterhöhlen. Und dieser Abnutzungsprozeß des Neugierverhaltens setzt in der Regel schon sehr früh ein. Wodurch kann Neugier untergraben werden?

a) Durch Überfütterung — das Kind wird mit Wissen vollgestopft, weil Eltern angelerntes Wissen mit Intelligenz verwechseln;

b) durch Überforderung — die Eltern wollen gern ein Musterkind heranbilden. Sie wollen das Beste aus dem Kind herausholen;

c) durch unsachgemäße Leistungssteigerung — das Kind soll schon mit acht Jahren komplizierte Geschichten lesen und verstehen können. Lesen ist anregend und interessant. Wäre es nicht so, würden nicht jedes Jahr Millionen von Büchern gekauft und gelesen;

d) durch Ablehnung kindlicher Fragen — Antworten auf Fragen zu finden ist beglückend.

Das Kind will Erfahrungen sammeln und weiterkommen. Es will groß werden und mithalten können. Das abgewiesene Kind wird still gemacht, es schließt sich womöglich ab und wird zusehends passiver. Passivität aber ist pädagogisch und psychologisch schwerer zu behandeln als Aktivität und robuste Durchsetzungskraft.

Kapitel 7

Lernerfolg und Gemütsverfassung

In der Elternversammlung sagt Frau S.: „Der Lernerfolg ist doch eine Frage der Intelligenz. Hat das Kind genügend Intelligenz, kann es erfolgreich lernen, hat es sie nicht, kann es nicht erfolgreich lernen."

Das klingt einleuchtend, die Wirklichkeit jedoch spricht dagegen. Der Kopf ist kein gefühlloser Trichter, in den man uneingeschränkt Wissen hineingießen kann. Der *ganze Mensch* jedoch nimmt auf, ist beteiligt oder ist nicht beteiligt, ist interessiert oder nicht interessiert. Die *seelische Gesamtverfassung* bestimmt den Lernerfolg. Einige Faktoren schauen wir uns an:

Wenn die Stimmung den Lernerfolg hebt

Leistung und Lernen hängen von der Stimmung ab. Heiterkeit, Schwermut, Verdrossenheit, Fröhlichkeit und Behaglichkeit können Lernanreize oder Störfaktoren des Lernens sein. Das Kind sagt: „Ich fühle mich *bedrängt*, ich fühle mich *bedrückt*, ich fühle mich *gehemmt*." Oder es sagt: „Ich fühle mich *befreit*, ich fühle mich *beflügelt*, ich fühle mich *wohl*."

Eine ausgeglichene Stimmungslage ist eine der Voraussetzungen für erfolgreiches Lernen. Stimmung ist ein Zu-mute-Sein. Ausgeglichenheit und Fröhlichkeit reizen zur Teilnahme, wecken Interesse. Schwermut und Resignation lähmen.

Bernds Eltern haben sich gestritten, sprechen seit Tagen kein Wort miteinander. Bernd möchte die beiden wieder versöhnen. Er ist völlig abgelenkt und mit seinen Eltern beschäftigt. Er träumt, ist unkonzentriert und lustlos. Wieder ein anderes Kind ist verängstigt, hat bittere Enttäuschungen erlebt, wurde bloßgestellt, in Frage gestellt. Kein Zweifel: Seelische Spannungen blockieren den Lernerfolg; Freude, Ausgeglichenheit, Zufriedenheit und ein ausgeprägtes Geborgenheitsgefühl im Elternhaus fördern die Lernbereitschaft.

Mut und Selbstvertrauen

Entmutigung und Selbstwertstörungen sind Barrieren für den Lernerfolg. Die Kinder seufzen:

> „Ich kann nichts."
> „Ich lerne das doch nicht."
> „Ich begreife das niemals."

Solche entmutigenden Aussagen untergraben den Lernerfolg. Im Hintergrund steckt Angst. Und Angst macht dumm.

Mut und Selbstvertrauen verraten Freude am Lernen, Freude an der Sache, Freude an der Bereicherung der eigenen Kenntnisse und Bestätigung der geistigen Fähigkeiten. Selbstvertrauen verrät, die Eltern sind meine Freunde, meine Berater und meine Helfer. Ich fühle mich bei ihnen aufgehoben. Ich vertraue mich ihnen an, wenn ich etwas nicht verstanden habe. Der Erfolg:

> Das Kind kann besser *aufnehmen*,
> das Kind kann besser *verarbeiten*,
> das Kind kann besser *wiedergeben*.

Fragen zur Selbstprüfung

■ Nehme ich die Stimmungslage meiner Kinder wahr? Womit hängt die Stimmungslage unserer Kinder zusammen? Wenn ich die Ursache für eine negative Stimmungslage erkannt habe, versuche ich sie zu ändern? Habe ich mich schon gefragt, was will eventuell das Kind mit dieser oder jener geäußerten Stimmung bezwecken? Sucht es Trost und Verständnis? Oder will es in Ruhe gelassen werden?

- Wie bewerte ich seelische Spannungen im Verhältnis zum Lernerfolg? Halte ich sie für entscheidend, für unwesentlich? Gehe ich den Spannungen auf den Grund?
- Halte ich bei körperlichen Beschwerden eine seelische Beeinflussung für möglich? Kann es sein, daß ich mit dem Kind von Arzt zu Arzt laufe, um von seelischen Schwierigkeiten im Familienleben abzulenken und entlastet zu werden? Neige ich überhaupt dazu, den „Schwarzen Peter" anderen zuzuschieben, um mich zu entlasten?
- Beurteile ich Entmutigung und Selbstwertstörungen als mangelnde Intelligenz? Bin ich bereit, meine eigenen Verhaltensweisen gegenüber dem Kind zu überprüfen? Versuche ich mit Appellen die Entmutigung des Kindes aufzulösen? Haben Apelle von anderen Erwachsenen an mich Erfolg, wenn ich als Vater oder Mutter entmutigt bin?
- Mache ich mir Gedanken darüber, ob ein Kind überfordert ist? Denke ich darüber nach, ob es genügend Zeit hat für Freundschaften, Sport und Spiel, für musikalische Fähigkeiten, für seine Hobbys? Habe ich mir einmal die Mühe gemacht, die Stunden in der Woche auszurechnen, die das Kind für Schularbeiten benötigt?
- Können Mißmut, Leistungsstörung, Konzentrationsmangel, das Abschalten in bestimmten Fächern oder völlige Ablenkung damit verbunden sein, daß mein Kind einem enormen Druck durch Schule und Elternhaus ausgesetzt ist, dem es sich aktiv oder passiv entgegenstemmt?

Sie müssen nicht verbissen allen Fragen nachgehen. Ein oder zwei Punkte, die Sie herausgefunden haben und die Sie ändern, verbessern sofort die Lernbereitschaft Ihres Kindes.

Kapitel 8

Konzentration mangelhaft — was tun?

Faulheit wird oft von Konzentrationsstörungen begleitet. Das Kind ist nicht bei der Sache. Die kleinste Kleinigkeit lenkt es ab. Aufgaben kann es nicht behalten, Gelerntes nicht getreu wiedergeben. Was geht im Kind vor?

Das gestörte Spielverhalten

Die Unfähigkeit zur Konzentration zeigt sich schon sehr früh, aber viele Eltern neigen dazu, das Symptom zu verniedlichen oder zu übersehen. Ein ernstes Warnsymptom für Konzentrationsschwäche des Kindes zeigt sich im gestörten Spielverhalten. Das Kind kann sich nicht ausdauernd und sinnvoll allein beschäftigen. Viele Eltern halten ihre Kinder für Spätentwickler. In der Schule machen sie die Lehrer, die Größe der Klasse und einen ,,angeborenen" Konzentrationsmangel für Schwierigkeiten der Kinder verantwortlich. Fest steht jedoch, daß in den seltensten Fällen ein angeborener Fehler die Ursache der Konzentrationsschwäche ist.

Hirnorganische Störungen *können* allerdings auch eine Rolle spielen. Professor Dr. Reinhard Lempp und seine Mitarbeiter untersuchten 124 Kinder, die trotz normaler Begabung in der Schule versagten. Das Ergebnis: Bei einem Drittel lag die Ursache der Störung in der Familie. Bei einem weiteren Drittel wurde eine sogenannte ,,organische Teilleistungsstörung" herausgefunden, die von einer leichten frühkindlichen Hirnschädigung herrührte. Beim Rest stellten die Ärzte sowohl hirnorganische Störungen als auch gestörte familiäre Beziehungen fest. Bei der Hirnschädigung handelt es sich meistens um einen ganz winzigen Defekt, der bei Komplikationen in der Schwangerschaft oder während der Geburt entstehen kann. Solche Kinder sind zwar völlig gesund, sind jedoch nicht in der Lage, bestimmte äußere Reize — zum Beispiel Bilder und Geräusche — normal zu verarbeiten. Dieser Umstand wird zur eigentlichen Ursache der Konzentrationsschwäche: Das Kind kann wichtige und unwichtige Reize nicht unterscheiden und auswählen. Es fliegt auf jedes Geräusch, arbeitet unkorrekt und ordnet falsch ein. Eltern und Kameraden bezeichnen diese Kinder als ,,zerfahren, dumm, schusselig und zappelig". Es empfiehlt sich immer, einen erfahrenen Kinderarzt zu Rate zu ziehen.

Sachlichkeit kontra Ichhaftigkeit

Beobachten wir einmal ein Kind beim Spiel. Es beschäftigt sich mit Bauklötzen, Legosteinen oder Puppen. Es ist völlig auf das Spiel konzentriert. Wir beobachten eine *sach*bezogene Hingabe an das Spiel. Mit Ernst und Aufmerksamkeit, Wachheit und Lebendigkeit spielt das Kind. Wann aber wird das Spiel ichhaft und damit unkonzentriert?

— Wenn das Kind sich beobachtet fühlt. Es fühlt sich irritiert und abgelenkt;
— wenn es Lob ernten will. Alle Bewegungen und Überlegungen werden ichhaft. Es spielt nicht mehr hingegeben, sondern mit Berechnung. Es ist nicht mehr gelöst, sondern gespannt;
— wenn es Tadel fürchten muß. Es kann nicht mehr mit Ernst bei der Sache sein;
— wenn es Aufmerksamkeit erregen will. Es ist nicht am Spiel interessiert, an der Sache, es ist an sich selbst interessiert. Es will beachtet werden und in den Mittelpunkt rücken.

Die Beobachtungen im Spiel können wir ohne Schwierigkeiten auf die Arbeit übertragen: Auch hier bestätigt sich, daß Konzentrationsschwäche durch Ichhaftigkeit und mangelnde Sachlichkeit gekennzeichnet ist.

Die Flucht in die Fantasiewelt

Viele Eltern bezeichnen ihre Kinder als Träumer. Sie beklagen ihr reiches Fantasieleben. Die Kinder verhalten sich „entrückt". Sie leben nicht in der Realität und sind nicht mit beiden Beiden auf der Erde. Ihre Gedanken schweifen ab, ihre Fantasie geht auf Reisen. Sie sind nicht bei der Sache. Können sie nicht bei der Sache sein, oder wollen sie nicht bei der Sache sein?

Wie erklären wir uns die Flucht in die Fantasiewelt? Viele verwöhnte Kinder haben es nicht gelernt, sich sachlich und ernst mit Arbeit und Schularbeiten auseinanderzusetzen; einige erleben ihre Geschwister als bedrückendes Vorbild. Wenn Eltern und Erzieher zu allem Überfluß auch noch auf diese Vorbilder hinweisen, sinkt der Arbeitseifer ab, und die Flucht in eine schöne Welt beginnt.

Auch Überforderung und Ehrgeiz der Eltern können den Widerstand hervorlocken. Dieser Widerstand kann auch auf die Lehrer übertragen werden. Flucht in die Fantasiewelt ist Widerstand. Sie muß nicht in erster Linie Flucht vor der Arbeit sein, sondern kann auch als Flucht vor dem Zwang, sich einordnen zu müssen, verstanden werden. Das verwöhnte Kind, das arbeitsunwillig ist, schwingt sich zum Tyrannen auf. So unkonzentriert Kinder sind, so konzentriert können sie jenseits der Realität in der Fantasie, in der Traumwelt, Geschicklichkeit, Geduld, Energie und schöpferische Gestaltungskraft entfalten.

Praktische Ratschläge und pädagogische Hinweise

■ Eltern sollten dem Kind das Gefühl geben, daß es von ihnen verstanden und nicht im Stich gelassen wird.

■ Vor allem Heranwachsende, die infolge der hormonellen Umstellung ihres Körpers häufig unter Unkonzentriertheit leiden, brauchen diese Sicherheit der Eltern und ihre Liebe.

■ Spiele, die dem Kind Spaß machen, sollten nicht verboten werden. Fast jedes Spiel fordert Konzentration, die das Kind unbewußt einüben und erlernen kann. Eltern sollten ihren Leistungsanspruch überprüfen. Es kann sein, daß sie ihr Kind überfordern, daß sie zu viel erwarten und zu wenig ermutigen. Die Bestätigung des kleinsten Fortschrittes kann die Konzentration erhöhen.

■ Das Lernen am Abend kann konzentrationsfördernd sein. Untersuchungen haben ergeben, daß Menschen, die abends intensiv lernen und gleich danach einschlafen, bis zu 56 % behalten. Wer dagegen wach bleibt, kann sich nur an 9 % erinnern. Im Schlaf bleibt das Gehirn frei von neuen Eindrücken, die das Gelernte überdecken.

■ Man muß wissen, daß alle Störfaktoren, die das Nervensystem unmittelbar erregen (ein fallender Bleistift, Lärm vor der Tür, Gespräche der Geschwister, Radio- oder Fernsehgeräusche), die gewünschte Aufmerksamkeit des Kindes herabsetzen.

■ Die Behandlung konzentrationsschwacher Kinder mit Medikamenten stellt die Ärzte im Augenblick noch vor einige Schwierigkeiten. Unkonzentriertheit ist meistens mit gesteigerter Unruhe gepaart. Wird die Unruhe mit bestimmten Wirkstoffen gehemmt, sinken meistens auch die Aufmerksamkeit und die Lernfähigkeit des Kindes. Höhere Dosen fördern oft das Schlafbedürfnis. Aktivierende Medikamente erhöhen die Nervosität.

■ Bevor Eltern zum Arzt gehen, um eine mögliche körperliche Ursache des Konzentrationsmangels ihres Kindes ausfindig zu machen und sich Medikamente gegen die Konzentrationsschwäche verschreiben zu lassen, sollten sie sich zwei Fragen ehrlich beantworten: Könnte es sein, daß die Konzentrationsschwäche des Kindes mit Störungen und Schwierigkeiten im familiären Bereich zu tun hat (Geschwister-Rivalität, Eheprobleme der Eltern, Autoritätsprobleme zwischen Eltern und Kindern)? Könnte es sein, daß Eltern sich mit Nachdruck eine körperlich begründete Konzentrationsschwäche bescheinigen lassen möchten, um vor sich selbst gerechtfertigt zu sein?

Selbstverständlich — das sollte noch einmal betont werden — gibt es Leistungs- und Teilleistungsstörungen, die mit Konzentrationsschwäche einhergehen und *körperlich* begründet sind. Die erwähnten leichten Gehirnanomalien und Krankheiten *können* Müdigkeit, körperliche Unruhe, Bewegungsstürme, Nervosität, Fahrigkeit und eingeschränkte Aufnahmefähigkeit hervorrufen. Da wir weder medikamentös noch medizinisch therapeutisch durchgreifend etwas dagegen unternehmen können, verbleibt uns nur ein verbessertes erzieherisches Vorgehen. Es wird schon so sein, daß manche Eltern diese körperlich begründeten Störungen stärker berücksichtigt wissen möchten. Aber wie die Erfahrung in der Beratungspraxis zeigt, ist das oft nachteilig für alle Beteiligten.

Was ist positiv an der gewissenhaften ärztlichen Diagnose, die körperlich begründete Teilleistungsstörungen festgestellt hat? Eltern und Erzieher werden ihre Ansprüche an das Kind herunterschrauben müssen. Falsche Erwartungen werden gebremst. Aber: Stempeln Eltern ein Kind aufgrund einer ärztlichen Diagnose als *hirngeschädigt* oder *beschränkt aufnahmefähig* ab, besteht die Gefahr, daß Eltern aufgeben, daß sie sich auf die Diagnose berufen und das Kind in seiner Leistungsschwäche bestärken. Das Kind selbst glaubt an seine Schwäche und seine Störung und versteckt sich unter Umständen hinter dieser Realität und mindert seine Fähigkeiten und Möglichkeiten. Es wird mutlos. Es gibt auf.

Kapitel 9

Ermutigung ist eine Kunst

Ermutigung ist eines der wichtigsten Hilfsmittel, um Interesse zu wecken und um die Lernfähigkeit zu fördern. Die Kunst der Ermutigung ist eine erzieherische Möglichkeit aufmerksamer Nächstenliebe. Solange aber das Kind seiner selbst nicht sicher ist, es nicht fest an sich glaubt, können wir ihm keine Ziele setzen, die es erreichen kann. Leider verwenden viele Eltern viel Zeit darauf, die Schwächen ihres Kindes festzustellen, um sie dann auszumerzen oder zu korrigieren. Sie sind fehlerorientiert und nicht auf den Erfolg des Kindes bedacht. Sie haben nur die Schwächen im Auge und übersehen die Stärken.

Was heißt Entmutigung?

Der entmutigte Mensch hat eine miserable Selbsteinschätzung. Er fühlt sich einer Sache nicht gewachsen. Er hat starke Minderwertigkeitsgefühle. Er glaubt, die anderen sind schneller, besser, tüchtiger, intelligenter, liebenswürdiger, hübscher, aktiver, durchsetzungsfähiger, entscheidungsfähiger und mutiger. Das entmutigte Kind glaubt, daß es nur geringe Chancen hat, seine Probleme zu lösen. Es hat wenig Vertrauen und Selbstvertrauen und glaubt bei Anforderungen, daß es eine kümmerliche Figur abgibt. Es schaut nach oben und sackt immer mehr in sich zusammen. Überall spürt es seine Unvollkommenheit und sein Unvermögen. Es glaubt nicht an sich, dafür aber an die Tüchtigkeit der andern.

Zu hohe Maßstäbe der Eltern verstärken die Entmutigung

Je höher die gesteckten Ziele, desto größer die Mutlosigkeit, wenn der Erfolg ausbleibt. Viele Eltern *sagen,* daß sie keine hohen Leistungsanforderungen an ihre Kinder stellen. Ihre *Erwartungen* dagegen, die sie im täglichen Leben aussprechen und vermitteln, drücken das Gegenteil aus. Je fühlbarer der Grad der Enttäuschung, desto höher war die Erwartung.

Geschwisterrivalität verstärkt die Entmutigung

Eltern spielen oft unbeabsichtigt Kinder gegeneinander aus. Sie *vergleichen* die Leistungen der Kinder miteinander. Geschwister erleben sich als Rivalen. Sie messen sich, sie vergleichen sich und legen den Grundstein für Eifersucht und Neid. Eifersucht und Rivalität können das Ergebnis unbewußter Vorliebe der Eltern für ein Kind sein. Oft sind es eigene Erlebnisse aus der Kindheit — gute oder schlechte — , die die Eltern der Erziehung ihrer Kinder zugrunde legen. Das benachteiligte Kind wird mehr und mehr entmutigt. Es fühlt sich zurückgesetzt, übersehen, mißachtet und nicht geliebt. Das Kind reagiert mit Leistungsabfall, Resignation und Lebensunlust.

Übergroßer Ehrgeiz fördert die Entmutigung

In unserer Gesellschaft werden Leistung, Karrierestreben und Ehrgeiz großgeschrieben. Überbetonter Ehrgeiz ist aber ein fruchtbarer Nährboden für Entmutigung. Die Guten werden immer besser, die weniger Guten immer schlechter. Je besser der eine, desto verunsicherter und entmutigter der andere.

Heinz ist ein hervorragender Basketballspieler. Jede freie Minute widmet er dem Sport. Er gehört zu den fähigsten Jugendspielern weit und breit. Bald zeigt sich aber, daß er im Sport nur *ausgleichen* will, weil er in der Schule völlig entmutigt ist. Überehrgeizige Kinder weigern sich auch, dort mitzumachen, wo sie nicht gewinnen können, so sie nicht an der Spitze stehen und sich hervortun können.

Was heißt Ermutigung?

Regel Nr. 1:
Nehmen Sie Ihr Kind an, wie es ist!

Schätzen Sie es mit seinen Eigenarten, Fehlern, Schwächen — so wie es ist. Oder haben Sie insgeheim die Meinung, daß es

— *mehr* aus sich machen muß,
— *mehr* arbeiten,
— *mehr* erreichen und
— *mehr* Erfolg haben muß?

Versagen, menschliche Schwierigkeiten und Fehlhaltungen können auf die *irrige Meinung* zurückgeführt werden, daß der betreffende Mensch glaubt, er besitze keinen Wert innerhalb der Gemeinschaft, innerhalb der Familie, innerhalb der Klasse und innerhalb seiner Clique.

Können Sie dem Kind vermitteln: So wie du bist, bist du gut *genug,* bist du von uns anerkannt und uns liebenswert? Oder kann es sein, daß Sie ohne Worte — mit Verhaltensweisen, Gesten oder einem flüchtigen Blick — Ihrem Kind zu verstehen geben, daß es Ihren Erwartungen nicht entspricht? Auch wenn Niederlagen und Pleiten dem Kind unterlaufen, immer sollten Eltern unterscheiden zwischen der Handlung und dem Handelnden. Eine schlechte Handlung kann selbstverständlich nicht gutgeheißen werden, aber das Kind als das Handelnde bleibt immer akzeptiert.

Regel Nr. 2:
Benutzen Sie Formulierungen, die das Selbstwertgefühl stärken!

Jede Freude, die Sie äußern, stärkt die Selbstachtung. Damit bauen Sie das Gefühl auf, etwas zu können. Geben Sie dem Kind die Sicherheit: „Du schaffst es schon!" Auch wenn etwas nicht klappt, sollten sich Eltern bemühen, dem Kind zu zeigen, daß es nicht an Wertschätzung verloren hat.

Eltern sollten ihre Kinder ermutigen, gerade dann, wenn sie es nicht erwarten, wenn sie nicht danach verlangen. „Du hast dich hier verbessert."

Der kleine Fortschritt sollte vermerkt werden. Es lohnt sich. Kinder probieren dann nach einem Mißerfolg von neuem, wenn sie eine Verbesserung spüren und sie ihnen bestätigt wird. „Wir mögen dich, aber uns gefällt nicht, was du tust."

Kinder haben nach begangenen Fehlern nicht selten den Eindruck, ungeliebt zu sein. Ein Kind darf niemals das Gefühl haben, nicht mehr geliebt zu sein. Zwischen dem Täter und der Tat muß daher streng getrennt werden. Wir kennen alle das Sprichwort: „Er hat das Kind mit dem Bade ausgeschüttet." Mit anderen Worten: mit der Verurteilung der schlechten Tat ist auch das Kind aus der Gemeinschaft ausgestoßen. „Du hast einen Fehler gemacht. Das kommt vor. Was kannst du daraus lernen?"

Geschehenes kann in der Regel nicht rückgängig gemacht werden. Jeder Mensch kann aber aus seinen Fehlern für die Zukunft lernen. Dazu gehört: Fehler gehören zum Leben. Erwachsene und Kinder machen Fehler. Niemand muß sich schämen, einen Fehler gemacht zu haben. Wer sich für fehlerlos hält, wirkt anmaßend und entmutigt mehr, als ihm lieb sein kann.

„Versuche es weiter. Du schaffst es. Gib nicht auf!"

Wir glauben an das Kind und bezeugen ihm, daß es ein Problem lösen wird, auch wenn es Rückschläge gibt und einige Versuche fehlgeschlagen sind. Pessimismus ist *Ent*mutigung, Optimismus ist *Er*mutigung. Der Optimist läßt die Flügel nicht hängen, gibt nicht auf und geht immer wieder neu an ungelöste Aufgaben heran. Entscheidend ist, daß dem Kind Eltern zur Seite stehen, die Zuversicht ausstrahlen und die feste Überzeugung haben, daß jeder Versuch Erfolgschancen in sich birgt.

Regel Nr. 3:
Planen Sie Erfolge für Ihr Kind ein!

Das klingt schwieriger als es ist. Einige Eltern werden sagen: „Wie kann ich Erfolge einplanen, wenn aber auch kein Millimeter Fortschritt zu sehen ist?" Sie sprechen von Millimeter und meinen Meter. Ihre Formulierung verrät, daß eine überhöhte Erwartung in tiefe Enttäuschung umgeschlagen ist. Je tiefer aber die Enttäuschung der Eltern, desto unfähiger sind sie zur Ermutigung. Wer selbst die Hoffnung aufgegeben hat, kann andern keine Hoffnung geben. Bei den meisten Eltern sind die tief im Herzen schlummernden Erwartungen zu hoch. Viele gestehen sich die hohen Erwartungen nicht ein. Ja, nicht wenige glauben, daß ihre Erwartungen schon auf dem Nullpunkt angekommen sind. Kleine und bescheidene Erfolge sind für solche Eltern völlig bedeutungslos. Sie wollen einen radikalen Wandel erzwingen und wollen sichtbare Erfolge als Beweis. Hier gilt: Schrauben Sie Ihre Erwartungen noch einmal herunter! Das hat den erzieherischen Vorteil, daß Ihr Kind leichter zu kleinen Erfolgen kommt. Freuen Sie sich über kleinste Fortschritte! Besonders entmutigte Kinder müssen erst wieder die „Kurve kriegen". Aus der absteigenden Linie muß eine ansteigende werden. Ein entmutigtes Kind braucht selbst den Erfolg wie den Sauerstoff zum Atmen. Schon geringfügige Erfolge stärken das Selbstvertrauen, fördern die Lernbereitschaft und vergrößern den Mut weiterzumachen. Wer aufgibt, sieht nicht den Hoffnungsschimmer eines Erfolges. Ein entmutigtes Kind kapituliert vor zu weitgesteckten Zielen. Wer den Erfolg einplanen will, muß auf Apelle, Ermahnungen, Drohungen und Liebesentzug verzichten. Anklagen sind kein Lernanreiz.

Regel Nr. 4:
Durch Ermutigung lernt Ihr Kind Bewährung

Wir sprechen gern von

— *bewährten* Mitarbeitern,
— *bewährten* Schülern,
— *bewährten* Fachleuten.

In der Tat: Bewährte Menschen sind ermutigte Menschen. Sie stehen im Leben, glauben an ihre Möglichkeiten und sind erprobt. Es sind Menschen, die mit Schwierigkeiten und Problemen fertig werden, die in kritischen Situationen nicht das Handtuch werfen. Sie bleiben auf ihrem Posten und geben nicht auf.

Ich möchte an einem schlichten Beispiel veranschaulichen, wie kleine Kinder Bewährung lernen können. Da spielt ein einjähriges Kind mit Bauklötzen. Der Vater nimmt dem Kleinen die Klötzchen aus der Hand und baut einen Turm, der etwa ein Meter hoch ist. Das Kind staunt, strahlt und wirft mit einer Handbewegung den Turm um. Selbst faßt es keinen Bauklotz an und ruft dem Vater zu: „Nochmal!"

Der Vater läßt sich tatsächlich darauf ein und baut den Turm noch einmal. Die Freude dauert nur Sekunden, dann hat das Kind das kleine Bauwerk erneut zerstört. Jetzt ermutigt der Vater das Kind: „Nein, jetzt baust du den Turm!" Das Kind versucht es und gibt nach drei Steinen auf. Es hat starke Versagergefühle. Es kann sich nicht vorstellen, daß es jemals einen solchen Turm bauen kann. Wieder geht der Vater hin und macht dem Kind vor, wie der Turm errichtet wird. Der Fehler besteht darin, dem Kind die eigene Erfahrung zu ersparen. Das Kind muß lernen und erfahren, wie Klötze sich stellen lassen, um einen hohen Turm zu ergeben. Geschicklichkeit ist eine Frage der Selbsterfahrung. Die Kunst, ein beliebiges Werk zu meistern, hat mit Können zu tun. Können wiederum ist die Folge ständigen Übens.

Paulus schreibt: „Grüß mir Appollos, den Bewährten in Christus" (Röm. 16.10). „Die gute Nachricht" übersetzt dies mit „dessen Treue zu Christus erprobt ist". Paulus spricht im Korintherbrief von den Gaben im Menschen. „Sie haben viele Schwierigkeiten und wurden ernsthaft auf die Probe gestellt" (2. Kor. 8.2).

Schwierigkeiten sind nicht in erster Linie Lasten, die uns bedrücken. Schwierigkeiten sind Herausforderungen Gottes, die bewältigt werden müssen. Schwierigkeiten sind Herausforderungen an die Neugier, an die Fantasie und an die schöpferische Kraft des Menschen: Wer fordert, der fördert. Der Mensch wird angeregt, sich zu bewähren.

Regel Nr. 5:
Durch Ermutigung fördern Sie die Kreativität

Es ist unvorstellbar, wie viele Kinder in ihrer Kreativität behindert sind. Passiv und einfallslos sitzen sie herum. Ihnen fehlt die Neugier am Leben, ihnen mangelt es an Spontanietät. Sie trauen sich nicht. Was ist mit ihnen geschehen?

Vermutlich haben die Eltern sie durch Verbote und überstrenge Regeln in ihrer Entfaltung gehindert.

Ich denke an einen zehnjährigen Jungen, der inaktiv und desinteressiert vor mir saß. Äußerlich war er wie aus dem Ei gepellt. Mutter und Vater spiegelten ebenfalls die personifizierte Exaktheit wider. Der Junge sprach äußerst beherrscht, betonte die Endbuchstaben und erlaubte es sich nicht, auf dem Stuhl sich locker und frei zu bewegen. Und worüber beschwerten sich die Eltern? Er arbeitete nur nach Vorschrift. Er dachte lediglich in vorgezeichneten Bahnen. Seine Vorstellungskraft stieß überall an Grenzen. Er war nicht in der Lage, in der Fantasie die Welt zu erobern. Jede Grenzüberschreitung war angstbesetzt. Der Junge achtete daher Grenzen, Verbote und Richtlinien wie heilige Gebiete. Wenn er malte, malte er Verkehrszeichen, Gebots- und Verbotstafeln. Fantasielos brachte er immer die gleichen Zeichen aufs Papier. Als Einzelkind bekam er die elterlichen Regeln und eingeengten Lebensüberzeugungen massiv zu spüren. Die Eltern hatten es auch versäumt, ihm kreatives Spielzeug zu kaufen. Er spielte nur mit Sachen, die streng nach Vorschrift bedient wurden. Die Eltern hatten ihm Spielregeln erklärt, und er reagierte ohne eigene Ideen. Zugegeben, ein extremes Beispiel für fantasieloses und ideenarmes Verhalten.

Was ist hier geschehen?

Der Junge atmete Gesetze und Regeln wie den täglichen Sauerstoffbedarf ein. Jede schöpferische Aktivität wurde unbewußt und ungewollt im Keim erstickt. Jedes grenzüberschreitende Neugierverhalten endete mit einem Klaps auf die Finger. Er zog nicht nur die Hände ein, er legte auch seinem Forschungsdrang Zügel an.

Ermutigung beinhaltet ein pädagogisches Verhalten, das Grenzüberschreitungen erlaubt. Die Freude, Initiative zu ergreifen, wird auf vielen Gebieten gefördert. Wer ermutigt, unterstützt den Tatendrang eines Kindes. Eltern und Erzieher bejahen den Wissensdurst. Eltern und Erzieher stärken das Selbstbewußtsein und die Lust am Ausprobieren. Ermutigung beflügelt die Fantasie, neue Spiele, neue Menschen und neue Bereiche kennenzulernen. Ermutigung ist eine Haltung, die dem Kind Spielraum einräumt, die Welt in ihren vielfältigen Dimensionen zu bejahen und in Angriff zu nehmen.

Regel Nr. 6:
Ermutigung heißt, Person und Sache zu trennen

Viele Eltern und Erzieher haben es nicht gelernt, *Person* und *Sache* zu trennen. Sie geben dem Kind bewußt oder unbewußt zu verstehen, daß sie es so, wie es sich verhält, nicht lieben können.

— Sie wenden sich ab,
— sie zeigen dem Kind ihre Enttäuschung,
— sie lassen das Kind links liegen,
— sie beachten es nicht.

Der Trotz und der Widerstand des Kindes werden stärker. Sehr oft praktizieren aber Eltern und Erzieher genau das, was sie als Kinder erlebt haben: Das böse Kind ist ein ungeliebtes Kind. Es muß bestraft werden. Unmißverständlich muß klargestellt werden:

— Ich liebe keine Unpünktlichkeit, aber ich liebe das unpünktliche Kind;
— ich hasse die Lüge, aber ich liebe das lügende Kind;
— ich hasse Zerstörungswut, aber ich liebe das zerstörungswütige Kind.

Immer wieder bestrafen Eltern ihr Kind durch Liebesentzug. Sie demonstrieren damit, daß sie Person und Sache in eins setzen.

Ermutigung heißt: Ich glaube an das Kind, daß es seine negativen und destruktiven Verhaltensmuster ändern kann. Ich bestrafe es nicht mit Liebesentzug. Selbstverständlich mache ich dem Kind klar, daß ich seine Verhaltensweisen nicht billigen kann, aber niemals werde ich ein Kind verstoßen.

Wir können von Christus lernen, was wirkliche Liebe ist. Für mich ist die größte Ermutigung zu wissen:

— Christus haßt die böse Tat, aber er liebt den Täter,
— Christus haßt die Sünde, aber er liebt den Sünder,
— Christus weint über das Unrecht, das ich tue, aber er läßt mich niemals fallen.

Die Geschichte vom verlorenen Sohn ist ein Beispiel für die Liebe des Vaters zu seinem Kind. Er weiß, daß der Sohn scheußliche Dinge treibt, daß er sich in seiner Sünde verrennt, aber:

— der Vater gibt den Sohn nicht auf,
— der Vater resigniert nicht,
— der Vater läßt ihn nicht enttäuscht im Stich,
— der Vater rächt sich nicht an dem ungehorsamen Sohn.

Die Bibel bezeugt uns, wie der Vater in Liebe auf dem Balkon steht und auf die Rückkehr des Sohnes wartet. Mit keiner Silbe ist von Wut, Enttäuschung, von Verbitterung, von Moralpredigten und von Heimzahlen die Rede.

— Der Vater trennt zwischen *Sache* und *Person*.
— Der Vater trennt zwischen *Tat* und *Täter*.

Ohne Zweifel verurteilt er das sündige Verhalten, aber er entzieht dem Kind nicht seine Liebe. Wer diese Haltung gegenüber Kindern praktiziert, ermutigt.

Regel Nr. 7:
Ermutigung verlangt, daß Sie die Ziele des Fehlverhaltens kennen

Wer ermutigen will, muß die versteckten und verborgenen Ziele des Kindes kennen, die es mit Faulheit, mit Willensschwäche, mit Konzentrationsschwierigkeiten und mit Hilflosigkeit oder anderen Symptomen verfolgt.

Die genannten Verhaltensmuster sind Mittel-zum-Zweck-Strategien. Sie werden nicht boshaft, aber unbewußt gezielt eingesetzt. Alle Symptome eines Kindes oder eines Erwachsenen haben den Sinn:

— Der Mensch spricht mit seinen Symptomen,
— der Mensch signalisiert der Umwelt ein Bedürfnis,
— der Mensch vermittelt mit Symptomen und Krankheiten Botschaften,
— der Mensch will mit seinen Symptomen etwas erreichen.

Erst wenn wir die Botschaft entziffert und die verborgenen Ziele erkannt haben, können wir wirklich helfen.

Wer die Motive nicht verstanden hat, tappt im Dunkeln.

Wir wollen etwas ändern, stehen aber den Motiven des Kindes ratlos gegenüber. Daher greifen unsere pädagogischen Maßnahmen nicht.

Vielleicht verstärken wir sogar die Symptome und erreichen das Gegenteil. Es gibt vier Ziele, die ein Kind verfolgt, und zwar mit den unterschiedlichsten Symptomen.

<u>Ziel Nr. 1: Das Kind will überhöhte Aufmerksamkeit erregen</u>
Das Kind will uns mit Faulheit, mit Trägheit, mit Lustlosigkeit und
Hilflosigkeit beschäftigen. Es fühlt sich zurückgesetzt. Die überhöhte
Aufmerksamkeitserregung erreicht das Kind,

— wenn es Denkfaulheit benutzt,
— wenn es Konzentrationsschwäche einsetzt,
— wenn es Arbeiten langsam und träge erledigt,
— wenn es pausenlos Fragen stellt.

Die Eltern werden beschäftigt, in Anspruch genommen und fühlen
sich herausgefordert und provoziert.

Viele dieser Strategien des Kindes haben den Zweck, Sonderzu-
wendungen zu erhalten. Durch Versuch und Irrtum hat das Kind dieses
Verhaltensmuster entdeckt, die Eltern reagieren darauf, und ein per-
fektes Hand-in-Hand-Spiel läuft ab. Je stärker sich die Erzieher durch
die genannten Umgangsmuster in Anspruch nehmen lassen, um so
mehr *verwöhnen* sie das Kind. Es wird unfähig, selbständig und mutig
die Anforderungen des Lebens zu meistern. Es läßt sich bedienen,
wird ängstlich und entscheidungsschwach.

Haben Eltern das Ziel 1 richtig durchschaut, ist es ihnen möglich,

— eine übertriebene schulische Unterstützung zu vermeiden;
— das Kind zu ermutigen, aus eigener Kraft Aufgaben zu lösen;
— dem Kind eine angemessene Zuwendung zu gewähren;
— nicht ständig verärgert, überfordert und schimpfend auf das Kind
   zu reagieren.

<u>Ziel Nr. 2: Das Kind will Überlegenheit und Macht demonstrieren.</u>
Haben Eltern Ziel 1 nicht erkannt, bestrafen und frustrieren das Kind
womöglich, steigert es seinen Widerstand, wird immer bockiger und
rebellischer und kämpft gegen die Eltern. Ausrufe wie:

„Laß mich endlich in Frieden!"
„Du nervst mich entsetzlich!"
„Du fällst mir auf den Wecker!"

sind ärgerliche Aufschreie, aber keine Hilfe. Eltern entlasten sich, bie-
ten aber keine Lösungen an. Das Kind bleibt mit seinen Wünschen und

Bedürfnissen allein. Die Bedürfnisse werden abgeschmettert und Motive unterdrückt und nicht besprochen. Unklarheiten und Frustrationen machen aber aggressiv. Steigert jedoch das Kind seinen Kampf, liegen sich Eltern und Kinder ständig in den Haaren. Das Kind

— widerspricht,
— gehorcht nicht,
— macht, was es will,
— will recht behalten,
— ist immer unpünktlich,
— ist extrem unordentlich.

Im Grunde sind alle genannten Verhaltensmuster Kampf- und Widerstandsmethoden. Das Kind zeigt den Eltern, wer Herr im Hause ist. Diese fühlen sich entmachtet und kommen gegen das Kind nicht mehr an. Sie toben, oft schlagen sie auch, aber sie spüren, daß die dem Kind nicht gewachsen sind. Was können Eltern und Erzieher tun?

— Nicht kämpfen

Der Kampf verstärkt den Trotz und den Widerstand des Kindes. Druck erzeugt Gegendruck. Außerdem haben die Kinder die besseren Nerven. Sie verfügen auch über ungezählte destruktive Methoden, mit denen sie uns in die Knie zwingen können.

— Partnerschaftlich Lösungen suchen

,,Du, ich will nicht mehr mit dir kämpfen. Laß uns über Lösungen sprechen, die für beide Teile akzeptierbar sind." Verhalten Sie sich gleichwertig und nicht wohlwollend von oben herab. Vermeiden Sie Partnerschaft als Methode, aber seien Sie partnerschaftlich in Ihrer Gesinnung! Das Kind spürt die Absicht und bekämpft Sie weiter, wenn Sie Partnerschaft vortäuschen.

— Keinen Sieg, keine Niederlage!

Soziale Gleichwertigkeit verzichtet auf Sieger und Besiegte. Eltern dürfen nicht siegen, aber das Kind auch nicht. Diese Einstellung ver-

51

langt, daß die Motive des Verhaltens besprochen werden. Können Eltern zuhören? Können Sie die Argumente des Kindes ernstnehmen, oder wollen Sie sich durchsetzen? Treffen Sie Abkommen und respektieren Sie sich gegenseitig!

Ziel Nr. 3: Das Kind will sich rächen

Versuchen die Eltern das Kind mit Gewalt und Überlegenheit in die Knie zu zwingen, wird es herausgefordert, härtere und gemeinere Bandagen anzulegen. Racheverhalten ist ein gefährlicheres Muster als Kampf. Der Machtkampf verläuft in der Regel offen und ehrlich. Racheverhalten verläuft im Dunkeln, versteckt und hintenherum. Das Kind benutzt Waffen, die gemein sind und die Eltern empfindlich treffen. Wie können solche Verhaltensweisen aussehen? Das Kind

— stiehlt,
— quält Tiere,
— diskriminiert Eltern in der Öffentlichkeit,
— rächt sich an der Gesellschaft,
— wird faul,
— reagiert mit Bettnässen,
— kotet ein,
— zerstört heimlich wertvolle Gegenstände usw.

In der Regel können die Eltern nichts beweisen, sie sind hilflos, reagieren mit ohnmächtiger Wut und fühlen sich tief gekränkt.

Rache ist ein Kampfverhalten auf hinterlistige Weise. Die Brücken zwischen Kind und Erwachsenen sind zerstört. Die Erwachsenen haben die unbewußten Ziele des Kindes nicht verstanden. Sie wollen sich durchsetzen und haben verloren. Nicht selten benutzen auch Eltern hinterhältige Methoden, um das Kind zu bestrafen. Wodurch kann dieser Kreislauf durchbrochen werden?

— Beenden Sie den Krieg!

Strecken Sie dem Kind die Hand der Versöhnung entgegen! Zwingen Sie dem Kind nicht Ihre Meinungen und Vorstellungen auf! Krieg löst keine Probleme.

— Überzeugen Sie Ihr Kind, daß Sie es lieben!

Rache und Vergeltung sind feindselige Verhaltensweisen, die Liebe gegenseitige Achtung und Rücksicht vermissen lassen. Rache des Kindes beinhaltet, daß es sich überhaupt nicht geliebt fühlt. Es ist entmutigt und zutiefst enttäuscht. Die Eltern ebenso.

— Nicht strafen, sondern logische Folgen anwenden!

Strafen bessern in der Regel nicht. Sie wecken nur Haß- und Rachegefühle und sind oft Mittel der Eltern zur Vergeltung. Logische Folgen werden *ohne* Schimpfen, *ohne* Drohung und *ohne* Macht eingesetzt. Logische Folgen sind das unangenehme Ergebnis der falschen Handlungen. Logische Folgen sind keine Strafe, sondern die *Konsequenz*, die ein Kind ereilt, wenn es Fehlverhalten zeigt. Logische Konsequenzen werden ruhig, fest und ohne falsche Emotionen getroffen. Das Kind wird sie respektieren. Voraussetzung ist aber, daß die Eltern eine gleichwertige Haltung dem Kind gegenüber leben. Sie verzichten auf Macht und Herrschaft, sonst werden die logischen Folgen als Strafe verstanden.

Ziel Nr. 4: Das Kind will uns seine Unfähigkeit beweisen.
Dieses Fehlziel ist die schärfste und unangenehmste Form, die das Kind benutzen kann, um sich zu behaupten.

Es glaubt, nur noch auf völlig destruktive Weise sein Leben gestalten zu können. Solche Kinder haben jede Hoffnung aufgegeben, reagieren völlig lust- und antriebslos.

— Die *Entmutigung* ist perfekt,
— die *Apathie* ist grenzenlos,
— das *Desinteresse* vollkommen.

Die meisten Eltern kommen aus eigener Kraft nicht aus der Misere wieder heraus. Sie brauchen therapeutische Hilfen, um die verfahrene Eltern-Kind-Beziehung wieder in Gang zu bringen. Hier nun einige weitere Hilfen zum besseren Verstehen:

— Rückzug kann eine Herausforderung an den Erzieher sein!

Kinder, die sich völlig aufgegeben haben, sind grenzenlos entmutigt. Sie vertrauen niemandem mehr, und doch steckt oft hinter dem Rückzug ein Hilfeschrei. Das Kind benutzt destruktive Muster, um auf sich aufmerksam zu machen. Die Entmutigung muß systematisch und in „homöopathischen Dosen" abgebaut werden.

— Lieben Sie das Kind wie es ist, nicht wie es sein sollte!

Unser Ehrgeiz und unser hoher Anspruch haben das Kind nicht selten in diese Verzweiflung getrieben. Damit haben wir gegen das Kind gekämpft. Es hat sich von uns nicht geliebt und anerkannt gefühlt, hat als Folge Pessimismus und Resignation entwickelt.

Vielleicht halten Sie an dieser Stelle einmal an und gehen nochmal zurück zur Seite 43 ff. Wir sprachen dort über Ermutigung, und dies ist das einzige, was man einem von Resignation und Pessimismus geprägten Kind entgegenbringen sollte.

Regel Nr. 8:
Ermutigung beinhaltet die Veränderung falscher Überzeugungen.

Jeder Mensch hat sich falsche irrige Lebensgrundüberzeugungen zu eigen gemacht. Er glaubt daran und er handelt entsprechend. Viele Menschen glauben also, sie wären von diesen falschen Lebensüberzeugungen abhängig, diese Vorurteile gehörten zu ihrem Leben wie Haare, Ohren und Beine, sie könnten nicht mehr aus ihrer Haut und müßten ihre Denk- und Lebensgewohnheiten beibehalten.

In der Tat ist es aber so, daß wir uns diese bestimmten Denkmuster angewöhnt haben. Wir haben sie uns eingeredet. Wir haben unsere einschlägigen Erfahrungen damit gemacht. Sie sind uns so tief in Fleisch und Blut übergegangen, daß wir sie nur schwer abstreifen können.

Nicht die Vererbung hat uns zu Grüblern gemacht, zu Zweiflern, zu Pessimisten.

Ich habe es in der Hand, was ich denke und empfinde.

Ich habe es in der Hand, ob ich wütend oder ärgerlich werde.

Ich habe es in der Hand, ob Angst und Zweifel mein Leben kaputtmachen.

Die Gefühle *machen wir uns selbst.* Mit erstaunlicher Klarsicht schreibt darum der amerikanische Psychotherapeut Albert Ellis: „In unserer heutigen Gesellschaft wird man jedoch selten von anderen Menschen körperlich oder ökonomisch geschädigt; fast alle ,Angriffe' sind psychischer Art und können einem keinen Schaden zufügen, solange man sie nicht irrtümlicherweise für schädlich hält. Es ist unmöglich, durch Worte oder Gesten Schaden zu erleiden, wenn man sich nicht verletzen läßt oder gar sich selbst verletzt. Es sind niemals die Worte und Gesten anderer, die uns schaden, sondern unsere eigenen Einstellungen und unsere Reaktionen auf diese symbolischen Angriffe." (Albert Ellis, Die rational-emotive Therapie, Pfeiffer Verlag, München 1977, S. 75.)

Es stimmt in der Tat: *Wir* verletzen uns selbst, schädigen uns selbst, fügen uns durch schlechte Gedanken Schaden zu.

Worin besteht nun die Ermutigung?

— Ich höre auf, falsche Überzeugungen als Schicksal, das mich von außen bestimmt, zu betrachten;
— ich kann meine destruktiven Gedanken ändern;
— ich kann mir klarmachen, daß negative Gefühlsaufwallungen Begleiterscheinungen meines negativen Denkens beinhalten;
— ich kann anfangen, im Gebet Gottes Kraft zu erbitten, um die negativen Gedanken und Überzeugungen abzulegen;
— ich darf wissen, daß der lebendige Gott meine Gebete erhört und mir hilft, meine negativen Vorurteile und Erfahrungen zu korrigieren.

Regel Nr. 9:
Ermutigen Sie durch Mut zur Lücke!

Es gibt Menschen, die können keine Lücken, Fehler und Mängel bejahen. Sie werden von einem Perfektionismusstreben beherrscht. Dieses perfektionistische Denken, Fühlen und Handeln nimmt den Menschen aber so vollkommen in Anspruch, daß er Freude und Zufriedenheit nicht mehr erleben kann. Perfektionismus ist eine *Sucht*, alles um jeden Preis mit einem Grad der Vollkommenheit anzustreben, der Irrtümer, Fehler und Mängel weitgehend ausschließt.

Perfektionismus meint nicht den normalen Ehrgeiz, eine Sache möglichst gut zu machen. Bemühungen um Qualität sind in Ordnung. Hier geht es um zwanghafte und erbarmungslos hochgesteckte Ziele, die jedes gesunde Maß überschreiten. Das Selbstwertgefühl des Perfektionisten definiert sich *ausschließlich* über Produktivität und Leistung.

Es gibt viele Spielarten des Perfektionismus. Da sind die krankhaften Streber, die jede Lücke ausfüllen wollen, die die unscheinbarsten Fehler korrigieren müssen, um ihre Hundertprozentigkeit zu befriedigen. Da das tägliche Leben 1000 Lücken bereithält, sind sie krampfhaft bemüht, die feinsten Unebenheiten in Wissen und in der Praxis zu beseitigen.

Unser Wissen ist und bleibt mangelhaft. Allwissenheit ist Hochmut, ist Überheblichkeit, ist Streben nach Gottähnlichkeit. Fragen wir uns wieder nach den geheimen Motiven! Da kommt die Zielverfehlung ans Licht.

— Der Alles-Wissende will seinen Mitmenschen überlegen sein;
— der Alles-Wissende glaubt, besser und tüchtiger sein zu müssen;
— der Alles-Wissende glaubt, nur mit Überlegenheit verschaffe er sich Geltung, werde ernstgenommen und anerkannt.

Welches Minderwertigkeitsgefühl muß ihn wie eine Faust im Nacken antreiben, sich vor der Umgebung bestätigen zu müssen. Perfektionismus ist Götzendienst. Der Mensch huldigt einem Idol, das er sich geschaffen hat. Er dient ihm und verehrt es. Nicht umsonst wissen die Moslems, daß nur einer vollkommen ist: Allah. Sie bauen darum vorsichtshalber in jedes handgefertigte Teil einen Fehler hinein, um der Fehlerhaftigkeit zu entsprechen.

Der Perfektionist macht sich das Leben schwer, indem er sich ständig entmutigt. Er ist hochgradig empfindlich gegen Kritik, seine übermäßige Kränkbarkeit ist augenscheinlich. Und warum ist das so?

— Er muß besser als andere sein, weil er eine schlechte Meinung von sich hat;
— er muß vollkommen sein aus Angst vor Mißerfolgen;
— er glaubt, nur durch einen Superanspruch geachtet und bestätigt zu werden.

Geht dem Perfektionisten etwas schief, brechen sein Selbstverständnis und sein Selbstwertgefühl zusammen. Depressionen und Angst sind die Folge.

Da ist der 18jährige Ingo F. Er will sein Abitur mit einer Null vor dem Komma machen. Er weiß, daß es möglich ist. Seine Lehrer haben es ihm gesagt. Seine Einsen in den verschiedenen Fächern sind Spitzenleistungen. Ingo büffelt Tag und Nacht. Er kennt nur noch das Ziel, das „Wunder" zu vollbringen, das beste Abitur seit Bestehen der Schule zu machen.

Sein tägliches Büffeln ist schon unmenschlich geworden. Jede Müdigkeit bekämpft er eisern. Er schläft mit Beruhigungsmitteln. Freunde hat er keine, denn es fehlt ihm die Zeit, Freundschaften zu pflegen. Im Herzen ist er todeinsam. Eine ständige innere Spannung beginnt sein Verhaltensmuster zu verändern.

Und dann schreibt er in Mathematik eine Eins mit einem Minuszeichen. Wortlos nimmt er die Arbeit entgegen und bricht einige Stunden später zusammen.

Er wird in ein psychiatrisches Landeskrankenhaus eingewiesen. Fast neun Monate hat er dort zugebracht. (Das Abitur hat er nicht nachgemacht.) Was schildert uns diese kleine Begebenheit?

— Entweder schreibt er eine Eins — ohne Makel —, oder er verzichtet völlig;
— entweder gelingt ihm das 150%ige, oder er streckt die Waffen;
— entweder ist er der Größte, oder er gibt auf;
— entweder — oder.

Das ist ein entmutigtes, zerstörerisches und krankhaftes Verhalten.

— Perfektionismus ist eine *Zielverfehlung,*
— Perfektionismus ist eine *Krankheit,*
— Perfektionismus ist *Sünde.*

Junge und erwachsene Menschen tyrannisieren sich und die Umgebung. Perfektionismus macht unglücklich und unzufrieden. Die verborgenen Motive sind ungeistlich.

Wir sind der Leib Christi. Die verschiedenen Glieder arbeiten gleichwertig Hand in Hand. Der menschliche Organismus — als

Gleichnis für den Leib Christi — funktioniert nur, wenn keiner selbstsüchtig und überheblich das harmonische Zusammenspiel der Glieder stört.

Ermutigte Menschen haben Fehler, machen Fehler und dürfen Fehler machen. Sie wissen um ihre eigenen Lücken und gestatten ihren Kindern, Lücken zu haben.

Regel Nr. 10:
Ermutigung heißt, Sie muten dem Kind etwas zu.

Eltern und Erzieher warten oft zu lange damit, dem kleinen Kind etwas *zuzumuten*. Das Kind hat sofort gelernt, die Rücksichtnahme für sich auszunutzen. Es spielt hilflos, stellt sich dumm und ungeschickt an und vermittelt den Eindruck, den Aufgaben nicht gewachsen zu sein. Erzieher dagegen, die dem Kind Vertrauen entgegenbringen, muten dem Kind Aufgaben zu. Das Kind kommt gar nicht auf die Idee, Ausflüchte zu produzieren. Es fühlt sich den Zumutungen gewachsen, weil seine Eltern an das Kind glauben. Von Alfred Adler stammt der ernstzunehmende Satz: ,,Das Schönste, was eine Fee einem Kind in die Wiege legen kann, sind Schwierigkeiten, die das Kind lernt zu überwinden.''

Schwierigkeiten sind Zumutungen, sind Herausforderungen, sie aktivieren die Kreativität und steigern die Leistungskraft.

Selbstverständlich können wir Kinder überfordern. Aber viele überforderten Kinder sind auf dem Wege dahin unterfordert worden. Sie haben es nicht gelernt, Schwierigkeiten zu meistern. Ihnen wurden die Stolpersteine aus dem Wege geräumt. Ich las in ,,Das Beste'' 9/84 folgendes Beispiel:

,,Der 27jährige spanische Golfspieler Seve Ballesteros, der schon über 40 Turniere gewonnen hat und im April 1983 seinen zweiten Masters-Sieg feierte, begann seine Karriere mit neun Jahren als Balljunge im Club von Santander, wo er für ein Spiel etwa DM 1,50 erhielt. Da Caddies außer bei ihrem eigenen Turnier nicht selbst spielen durften, schlich er sich mit seinen Freunden abends heimlich auf das Golfgelände. Im Alter von 13 Jahren gewann er das Caddie-Turnier — mit 16 Schlägen. Mit 16 wurde er Profi, ohne einen Pfennig, wie er sagt. Sein erstes Turnier beendete er als zwanzigster — sein Preisgeld betrug knapp DM 100,—. Das machte mir nichts aus, meint Ballesteros. Je einfacher man es hat, desto mehr läßt der Kampfgeist nach. Man verliert das Interesse. Man vergißt den Traum. Wie soll man von einer Tasse Kaffee träumen, wenn sie bereits vor einem steht?"

Ballesteros hat recht: Wer fordert, der fördert — wer unterfordert, behindert. Mut und Kampfgeist werden motiviert, wenn das Kind sich selbst etwas zumutet, oder Eltern muten dem Kind einiges zu.

Regel Nr. 11:
Ermutigung führt zur Selbständigkeit.

Unselbständigkeit und Gefügigkeit zeigen das Gegenteil, nämlich entmutigtes Verhalten. Erzogen wird ein Kind entweder durch unerbittliche Strenge, durch autoritäres Verhalten oder durch Verzärtelung. Beide Male ist das Kind nicht in der Lage, selbstbewußt und selbständig zu handeln. Das Kind flieht vor der Verantwortung, es wird zum Drückeberger. Es lernt nicht,

— eigenständig zu *denken,*
— eigenständig zu *planen* und
— eigenständig zu *handeln.*

Fritz Künkel, der bedeutende Adler-Schüler, schreibt:
„Die Gefügigkeit ist ausnahmslos ein Zeichen großer Entmutigung. Das wirklich mutige Kind ist ebenso wenig gefügig, wie es trotzig ist. Es tut, was es für richtig hält, nicht weil der Erzieher es befiehlt, sondern eben weil es recht ist. Die Erwachsenen können dabei als Ratgeber wirken, denen das mutige und darum selbständige Kind volles Vertrauen schenkt, denen es aber nicht etwa gehorcht aus Scheu vor der eigenen Verantwortung, sondern deren Rat es befolgt, weil dieser Rat sich immer wieder als sachlich richtig erweist." (Fritz Künkel, Die Arbeit am Charakter, Friedrich Bahn-Verlag, Konstanz 1964, 28.—31. Tsd, S. 48.)

Das selbständige Kind schaut nicht ständig auf die Mutter, auf den Vater oder auf andere Erwachsene, die ihm beistehen sollen. Das selbständige Kind läßt sich nicht aus der Fassung bringen. Es probiert und bleibt geduldig am Ball. Selbstvertrauen ist Vertrauen in die eigene Kraft. Das Kind ist ermutigt worden, selbstvertrauend alle Aufgaben zu planen und zu lösen.

Ermutigen Sie gegen die Verzagtheit.

Der Verzagte hat den Mut fahren lassen. Er hat resigniert aufgegeben und kultiviert 1000 Befürchtungen. Überall sieht er Fehlschläge, befürchtet er Nackenschläge und glaubt an Mißerfolge. Die biblische Hoffnung ist verkümmert, und das Vertrauen scheint abhanden gekommen zu sein.

Der große englische Erweckungsprediger Charles H. Spurgeon hat diesen Verzagten ein verheißungsvolles Wort ins Stammbuch geschrieben:

„Sollte Euch Verzagtheit mit ungewöhnlicher Kraft ergreifen, so glaubt nicht, daß es nun mit Eurem Segen ein Ende habe. Werft Euer Vertrauen nicht weg, welches eine große Belohnung hat! Sollte Euch der Feind schon den Fuß auf den Hals setzen, so erwartet auch dann noch, daß Ihr Euch wieder erheben und ihn niederwerfen werdet. Seid mit der Kraft zufrieden, die Ihr am heutigen Tage, ja in der gegenwärtigen Stunde besitzet. Gebt nicht soviel auf Stimmungen und Gefühle, legt mehr Wert auf ein Körnchen Glauben als auf eine Tonne voll Aufregungen. Traut auf Gott allein und stützt Euch nicht auf die Rohrstäbe menschlicher Hilfe."

Wer auf die Kraft Gottes setzt, wirft die schlimmste Verzagtheit über Bord. Wer getröstet und ermutigt ist, hört nicht auf seine Stimmungen und niederdrückenden Gefühle, er traut dem lebendigen Gott mehr zu. Er weiß um seine Erlösung.

„Fürchte dich nicht, denn ich habe dich erlöst; ich habe dich bei deinem Namen gerufen; du bist mein" (Jes. 43,1).

Regel Nr. 13:
Ermutigung heißt, an das Kind zu glauben.

Es ist einige Jahre her, da wurde mir ein Mann in meine Praxis überwiesen, der seine 13jährige Tochter schlimm mißhandelt hatte. Nachbarn hatten ihn angezeigt, die die Schreie des Mädchens gehört hatten. Außerdem zeigte das Mädchen Striemen an Gesicht und Händen. Der Vater war ein gläubiger und redlicher Mann, der sich in seinem Leben bisher nichts zuschulden hatte kommen lassen. Das Mädchen war frühzeitig in die Pubertät gekommen, interessierte sich für Jungens und wollte leidenschaftlich gern ab und zu in die Disco. Der Vater verbot es aus Glaubensüberzeugung und aus erzieherischen Erwägungen. Das Mädchen kümmerte sich nicht um die Verbote des Vaters, stieg abends spät aus dem Fenster und kam erst um Mitternacht wieder. Als der Vater dahinterkam, gab es zunächst eine gehörige Tracht Prügel, und er brachte am Fenster ein Schloß an, so daß die Tochter nicht mehr nachts aussteigen konnte. Dem Mädchen gelang es, den Schlüssel für das Fenster nachmachen zu lassen. Wieder verschwand es nachts aus dem Haus und trieb sich mit Jungen herum. Als der Vater dahinterkam, geriet er aus der Fassung. Er schlug das Mädchen so unbarmherzig, daß es tagelang krank zu Hause bleiben mußte. Durch die Anzeige kam das Jugendamt ins Haus und stellte den Vater zur Rede. Das Sorgerecht sollte dem Vater aberkannt werden. Der Vater erlebte, daß Nachbarn ihn nicht mehr grüßten und überall die gräßlichsten Gerüchte verbreiteten. Er war todunglücklich und wurde selbst krank. Als er zu mir in die Beratung kam, sah er sehr verstört und leidend aus. Ich sagte zu ihm:

„Sie müssen Ihre Tochter unwahrscheinlich lieb gehabt haben, daß Sie sie so schlimm mißhandelt haben." Dem Vater kamen die Tränen, und er sagte: „Das hat noch keiner zu mir gesagt. Bis jetzt bin ich nur wie ein Verbrecher behandelt worden. Keiner läßt ein gutes Haar an mir. Sie dürfen mir glauben, ich habe meine Tochter wirklich lieb, aber ich will sie nicht verloren geben, darum habe ich sie so geschlagen."

Ermutigung heißt: Ich glaube an den Menschen, ich glaube an seine guten Absichten, auch wenn sie — wie in unserem Beispiel — zu negativen Folgen führen. Diese Ermutigung, von der ich überzeugt war, bildete eine gute Basis, mit dem Vater über sein Fehlverhalten zu sprechen. Er war Christ, und ich glaubte an seine Möglichkeiten, ich glaubte an einen Neubeginn. Und er gewann seine Tochter, weil er sie aufrichtig um Vergebung bitten konnte. Er liebte sein Kind — allerdings mit fragwürdigen Methoden. Er wollte sein Kind retten und sah ein, daß er untaugliche Mittel eingesetzt hatte.

Ermutigung ist eine Haltung, die weiß, daß der lebendige Gott Menschen verändern kann. Der Ermutigende gibt keinen Menschen auf, weil er weiß, daß Gott keinen Menschen abschiebt.

Der Psychologe und Therapeut Erik Blumenthal hat recht, wenn er schreibt: „Es fehlt der Glaube an die Kinder, was zu deren Entmutigung und Ichhaftigkeit führt. Es fehlt der Glaube an sich selbst mit den Folgen der Minderwertigkeitsgefühle und Hemmungen, des Perfektionismus und des Rechthaben-wollens, der Glaube ans Lernen, der Glaube an andere. Ergebnis: Aggressionen, Kontaktscheu, Depressionen, Konkurrenz unter Menschen." (Erik Blumenthal, Wege zur inneren Freiheit, Praxis und Theorie der Selbsterziehung, Rex Verlag, München, 1972, S. 149 f.)

Wer an sein Kind glaubt, bewahrt es vor Ichhaftigkeit, vor Aggressionen und Depressionen. Denn mangelnder Glaube fördert das Minderwertigkeitsgefühl. Es ist der Grundstock für viele seelische Störungen und Krankheiten.

Regel Nr. 14:
Sie ermutigen, wenn Sie selbst ermutigt sind

Ermutigen kann nur ein ermutigter Erzieher. Ihn kennzeichnet Selbstbewußtsein und Selbstvertrauen. Er glaubt an seine Stärken und glaubt an die Möglichkeiten seiner Kinder.

Pessimistische Eltern und Erzieher dagegen engen den Bewegungsspielraum der Kinder ein. Ihr Sicherheitsbedürfnis legt überall Riegel vor. Ängstliche Eltern pressen das Kind in einen abgezirkelten Rahmen. Überfürsorgliches Verhalten engt den Erlebnisdrang ein. Sie beschneiden die Freiheit, weil sie selbst nicht frei sind, verhindern die Entfaltung, weil sie selbst in ihrer Entfaltung eingeschränkt wurden.

Was will der Erzieher erreichen? Legt der Erzieher Wert auf ein selbständiges, abgenabeltes und mündiges Kind? Oder will er das Kind kleinhalten, will er es unselbständig und abhängig machen?

Diese Fragen sind eine Herausforderung, die unbewußten Motive zu hinterfragen. Wer seine unverstandenen Beweggründe nicht kennt, kann sie auch nicht ändern. Eltern und Kinder spielen dann perfekt Hand in Hand. Sie stellen sich aufeinander ein, um Schwierigkeiten zu vermeiden.

Viele Eltern sind sich nicht darüber im klaren, daß sie das Kind benutzen, um ihre eigenen Bedürfnisse zu befriedigen. Auf diese Weise gerät das Kind in den Mittelpunkt des elterlichen Interesses. Es darf nur in Bahnen laufen, die die Eltern zulassen. Verständlich, daß dem Kind viele Bewegungsspielräume verbaut werden. Besonders das artige Kind kommt den Eltern entgegen. Es geht den Weg des geringsten Widerstandes und schraubt alle Erwartungen und Wünsche zurück. Die Fantasie verkümmert, alle expansiven Wünsche werden unterdrückt.

Fragen an Eltern und Erzieher:

- Will ich in erster Linie ein gehorsames und ordentliches Kind?
- Will ich Kinder, die sich strikt an Regeln und Abmachungen halten?
- Kann es sein, daß das Kind unbedingt meinen Wünschen und Vorstellungen entsprechen soll?
- Benutze ich das Kind, um mein Helfersyndrom zu befriedigen?
- Benutze ich das Kind, um meinen ungestillten Ehrgeiz zu verwirklichen?

Kapitel 10

Die Sprache der Ermutigung

(Versuchen Sie, die *entmutigenden* Sätze durch *ermutigende* zu ersetzen.)

1. So, wie ich dich kenne, meine ich, daß du dich besser bemühen solltest.

   . . . .

2. Du machst Fehler, also paß auf!

   . . . .

3. Ich zweifle daran, ob du es schaffst.

   . . . .

4. Es wäre sehr hilfreich gewesen, wenn du den Tisch abgeräumt hättest.

   . . . .

5. Das könntest du aber noch besser machen!

   . . . .

6. Allmählich wird dein Spiel besser, aber am Schluß hast du Noten ausgelassen.

   . . . .

7. Das ist eine saubere Arbeit, aber die Ecken sind schlampig.

   . . . .

8. Gut, du spielst etwas besser als letztes Jahr.

. . . .

9. Du holst dir besser Hilfe, das sieht sehr schwierig aus.

. . . .

10. Ich bezweifle, ob es überhaupt Sinn hat, wenn du es probierst.

. . . .

11. Warum hast du denn nicht daran gedacht, bevor du angefangen hast?

. . . .

12. Wie kann man nur so dumm sein!

. . . .

Mögliche Antworten auf entmutigende Äußerungen.

Zu 1.: So, wie ich dich kenne, bin ich sicher, du wirst dich bemühen.

Zu 2.: Ich vertraue dir, daß auf Dauer die Fehler weniger werden.

Zu 3.: Ich glaube daran, daß du es schaffst.

Zu 4.: Ich merke, du hast dir etwas Mühe gegeben.

Zu 5.: Du hast kleine Fortschritte gemacht.

Zu 6.: Dein Spiel wird besser trotz kleiner Fehler.

Zu 7.: Du hast dich angestrengt. Ärgere dich nicht über die Ecken!

Zu 8.: Es besteht kein Zweifel, seit dem letzten Jahr hast du Fortschritte im Spielen gemacht.

Zu 9.: Das sieht schwierig aus. Fang an! Es wird schon werden!

Zu 10.: Das ist eine Herausforderung für dich. Probier es!

Zu 11.: Du hast es vergessen, du kannst es nachholen.

Zu 12.: Ich bin sicher, daß du noch draufkommst.

Kapitel 11

Freude am Leben und Lernen

Beide Dinge gehören zusammen: die Freude am Leben *und* die Freude am Lernen. Josef Pieper drückt es so aus: „Wer nichts und niemanden liebt, kann sich unmöglich freuen ... Freude ist die Antwort, daß einem Liebenden zuteil wird, was er liebt."

Was Menschen lieben, beglückt sie, was Menschen mögen, macht sie froh. Das gilt für Sachen und Personen. Das gilt für Eltern und Kinder. Eltern, die echt und ehrlich ihr Kind lieben, haben Freude an ihm. Und wenn sie keine Freude an ihm haben? Könnte es sein, daß sie es nicht von Herzen lieben?

Gelingt es Eltern und Erzieher, ihr Kind so wertzuschätzen und zu lieben, daß es sich uneingeschränkt geliebt fühlt? Können Eltern an sich arbeiten, um zuversichtlicher die Leistungen des Kindes zu beurteilen? Können Eltern sich Mühe geben, mehr an ihr Kind zu glauben? Wollen sie es lernen, positive Erwartungen zu haben und ermutigend die Arbeit in der Schule zu begleiten?

Die eigene Kurskorrektur korrigiert die Einstellung der Kinder zur Schularbeit *und* zum Leben.

Nach dem Wörterbuch hat Freude am Leben etwas mit Begierde, mit Vergnügen und Gemeinschaft zu tun. Wie ist das zu verstehen? Wer sich freut, hat Interesse an einer Sache oder an einer Person. Er zeigt Begierde. Und wer Interesse zeigt, will dazugehören, will dazwischen sein, will Anschluß an die Gemeinschaft haben,

Freude wirkt sich aus, wenn beispielsweise ein Kind Interesse am Lernen und am Leben hat. Es fühlt sich akzeptiert, bestätigt und bejaht. Freude ist die *Folge*, nicht die Ursache irgendwelcher Erfolgs-erlebnisse. Wem Gemeinschaft gelingt, ist glücklich. Wer bestätigt wird, ist froh. Wer eine Aufgabe bewältigt, hat Freude. Wer etwas an-fängt und ermutigt wird, steigert seine frohe Erwartung. Er gewinnt Freude am Arbeiten und damit Freude am Leben.

Kapitel 12

Ermutigung zum Christsein

**Mut, oder
„Von der Chance der Bärenraupe, über die Straße zu kommen"**

Unter diesem Titel hat der Schriftsteller Rudolf Otto Wiemer ein ermutigendes Gedicht geschrieben über die Bärenraupe. Das kleine Tier ist ein mutmachendes Beispiel für den Menschen.

Keine Chance. Sechs Meter Asphalt.
Zwanzig Autos in einer Minute.
Fünf Laster. Ein Schlepper. Ein Pferdefuhrwerk.

Die Bärenraupe weiß nichts von Autos.
Sie weiß nicht, wie breit der Asphalt ist.
Weiß nichts von Fußgängern, Radfahrern, Mopeds.

Die Bärenraupe weiß nur, daß jenseits Grün wächst.
Herrliches Grün, vermutlich freßbar.
Sie hat Lust auf Grün. Man müßte hinüber.

Keine Chance. Sechs Meter Asphalt.
Sie geht los. Geht los auf Stummelfüßen.
Zwanzig Autos in der Minute.

Geht los ohne Hast. Ohne Furcht. Ohne Taktik.
Fünf Laster. Ein Schlepper. Ein Pferdefuhrwerk.
Geht los und geht und geht und geht und
kommt an.

Die Bärenraupe ist uns ein Gleichnis für Mut und Vertrauen. Sie schaut nicht wie gelähmt auf die Hoffnungslosigkeit, sie glaubt an ihre Chance.

Sie sieht nicht auf tausend Gefahren, sondern schaut auf das Grün auf der anderen Straßenseite. Sie fürchtet nicht Abgründe und Risiken, sie geht los und kommt an.

Der Glaubende geht.

Er geht im Vertrauen auf den lebendigen Gott, der im Alten Testament seinen Namen kundgetan hat. Jahwe, das heißt: ,,Ich bin, der ich sein werde; ich werde sein, der ich bin." Das heißt doch:

— In allem *Ungewissen* bleibt er der Gewisse,
— in aller *Dunkelheit* bleibt er das Licht,
— in aller *Zerstörung* bleibt er der Heilende,
— in aller *Weglosigkeit* ist er der Weg.

,,Wer wagt, gewinnt", sagt das Sprichwort. Und die Bibel formuliert: ,,Dir geschehe nach deinem Glauben" (Matth. 15,28).

Mit einem Glauben wie ein Senfkorn groß (Matth. 17,20) könnten wir Berge versetzen. Der Glaube ist keine illusionäre Spekulation. Er ist kein tödliches Wagnis.

Leighton Ford, der theologische Mitarbeiter im Billy Graham-Team, schrieb in einem Aufsatz, daß ein schwarzer Pastor eine unvergeßliche Predigt gehalten habe, die im wesentlichen aus nur einer einzigen Zeile bestand: ,,Es ist Freitag, aber Sonntag wird kommen." Immer wieder habe der schwarze Pastor diesen einen Satz mit ständig neuen Umschreibungen und Einfällen ausgesprochen. Ich frage: Was gibt diesem farbigen Pastor die Zuversicht, so über das Morgen, über die Zukunft, über die Hoffnung zu predigen?

Antwort: Er weiß um Karfreitag, er weiß um Ostern. Er weiß um Jesu Kreuz, und er weiß um Jesu Auferstehung.

Das ist sein Trost, und das ist seine Kraft, andere zu trösten. Er weiß sich vom lebendigen Gott ermutigt und kann daher vollmächtig andere Menschen ermutigen. Er kann sagen:

Es ist Freitag, wir sind kräftemäßig am Ende, aber der Sonntag kommt.

Es ist Freitag, noch ist Knechtschaft, Unfreiheit, Diskriminierung für Millionen Menschen, aber Sonntag wird kommen, die Befreiung und Erlösung.

Es ist Freitag, Herodes triumphiert, aber der Sonntag wird kommen und Jesus triumphiert.

Es ist Freitag, Jesus ist tot. Es herrschen Trauer und Verzweiflung. Aber der Sonntag kommt, Jesus lebt, Jesus triumphiert. Wir leben von diesem Auferstandenen. Das ist die ermutigende Botschaft: Jesus ist Sieger.

Es ist Freitag, noch erleben wir hier die Mühsal der Arbeit, der Welt, Krankheit, Leiden und Tod, aber der Sonntag kommt, das Leben bei ihm, wo aller Schweiß abgewischt wird, wo alle Tränen getrocknet werden.

Dieser Glaube beflügelt mich, denn er ist *Tat, Wagnis* und *Mut*, Gottes Zusagen zu vertrauen: für mein eigenes Leben und das meiner Kinder.